mod_perl
kurz & gut

Andrew Ford

Deutsche Übersetzung
von Jørgen W. Lang

O'REILLY®

Beijing · Cambridge · Farnham · Köln · Paris · Sebastopol · Taipei · Tokyo

Kommentare und Fragen können Sie gerne an uns richten:
O'Reilly Verlag GmbH & Co.KG
Balthasarstr. 81
50670 Köln
Tel.: 0221/9731600
Fax: 0221/9731608
E-Mail: kommentar@oreilly.de

Copyright der deutschen Ausgabe:
© 2001 by O'Reilly Verlag
1. Auflage 2001

Die Originalausgabe erschien 2001 unter dem Titel
mod_perl Pocket Reference im Verlag O'Reilly & Associates, Inc.
© 2001 Ford & Mason Ltd.

Die Darstellung eines Pferdes im Zusammenhang mit dem Thema mod_perl ist ein Warenzeichen von O'Reilly & Associates, Inc.

Die Deutsche Bibliothek – CIP-Einheitsaufnahme

Ein Titeldatensatz für diese Publikation ist
bei der Deutschen Bibliothek erhältlich.

Übersetzung: Jørgen W. Lang
Lektorat: Michael Gerth, Köln
Korrektorat: Oliver Mosler, Gerald Richter, Jochen Wiedmann
Satz: Stefan Göbel, reemers publishing services gmbh, Krefeld; www.reemers.de
Umschlaggestaltung: Ellie Volckhausen, Pam Spremulli & Risa Graziano, Boston
Produktion: Geesche Kieckbusch, Köln
Belichtung, Druck und buchbinderische Verarbeitung: Freiburger Graphische Betriebe

ISBN 3-89721-231-5

Dieses Buch ist auf 100% chlorfrei gebleichtem Papier gedruckt.

Inhaltsverzeichnis

Einführung 5
Danksagungen 6
Typographische Konventionen 6
Was ist mod_perl? 7
    Das HTTP-Protokoll 7
    Prozesse, Requests und Subrequests 7
    Weitere Informationsquellen 9
Einrichten von mod_perl 10
    Konfiguration von Apache 10
    Perl-Code laden 12
    Sicherheitsaspekte 12
    Konfigurationsdateien dokumentieren 13
CGI-Skripten für die Benutzung mit mod_perl anpassen 14
    Apache::Registry 14
    Apache::PerlRun 17
    Migrationsstrategie 18
Perl in HTML-Dokumente einbetten 18
    Perl Server Side Includes 19
    SSI-Direktiven 21
Programmieren mit mod_perl 22
    Handler-Funktionen 23
    Zugriff auf Konfigurationsinformationen 27
    Zugriff auf Datenbanken 28
    Zustandsverwaltung 28
Die mod_perl-API 29
    Das Request-Objekt 29
    Die Apache::SubRequest-Klasse 30
    Client-Request-Methoden 31
    Server-Response-Methoden 33
    Daten an den Client senden 36

Basisfunktionen des Servers. 37
Methoden zur Serverkonfiguration 39
Methoden zur Zugriffskontrolle 40
Logging und die Apache::Log-Klasse 41
mod_perl-spezifische Methoden. 43
Die Klasse Apache::Server 44
Die Klasse Apache::Connection 46
Die Klasse Apache::Table 47
Die Klasse Apache::URI. 48
Die Klasse Apache::Util 49
Die Klasse Apache::File. 52
Spezialvariablen 53
Die Klasse Apache::Constants. 56
Konfigurationsdirektiven für mod_perl. 58
Apache/Perl-Module 65
Template-Systeme und Framework-Module 66
Inhaltsgenerierung. 68
Zugriffskontrolle 70
URI-Übersetzung. 72
Logging 73
Low-Level-Schnittstellen 74
Entwicklung, Debugging und Überwachung. 76
Verschiedenes. 78
CGI-Umgebungsvariablen 80
HTTP-Statuscodes. 81
HTTP-Header-Felder 83
Index der Module 87
Index der Methoden 89

mod_perl – kurz & gut

Einführung

Apache gilt als der beliebteste Webserver und Perl als die beliebteste serverseitige Skriptsprache der Welt. Das von Doug McEachern geschriebene Apache-Modul *mod_perl* bringt beide zusammen. Durch die Einbettung eines kompletten Perl-Interpreters in den Webserver wird es möglich, die Apache-API mittels Perl zugänglich zu machen. Hierbei dienen Perl-Klassen als Schnittstelle zur Abbildung der API.

Mit *mod_perl* können Sie CGI-Skripten in Perl (unverändert oder nur mit geringen Änderungen) als Teil des Apache-Serverprozesses ausführen, wodurch es möglich wird, Perl in Server Side Includes zu benutzen und Handler für die Phase der Inhaltsgenerierung und andere Phasen der Request-Bearbeitung vollständig in Perl zu implementieren. Der Perl-Code wird in der Regel beim Start des Webservers oder beim ersten Request auf diesen Code geladen und kompiliert. Beide Möglichkeiten führen zu einer wesentlich kürzeren Antwortzeit und einer geringeren Serverbelastung als beim konventionellen CGI-Modell.

Diese Kurzreferenz faßt die Merkmale der *mod_perl*-API und ihrer Konfigurationsanweisungen zusammen, wobei die Version 1.24 von *mod_perl* als Grundlage diente. Die Verfügbarkeit der hier beschriebenen Funktionen hängt davon ab, unter welchen Bedingungen Ihre Kopie von *mod_perl* kompiliert wurde. Dieses Buch ist nicht als vollständiges Benutzerhandbuch gedacht; vielmehr wird angenommen, daß Sie bereits mit *mod_perl* vertraut sind, ein allgemeines Verständnis davon haben, wie Webserver funktionieren, und sich bereits mit der objektorientierten Programmierung in

Perl auskennen. Weiterführende Informationen zu *mod_perl* finden Sie auf der Website des »Apache/Perl Integration Project« unter *http://perl.apache.org*.

Danksagungen

Herzlichen Dank an alle, die mir so großzügig geholfen haben, dieses Buch zu schreiben, vor allem Stas Bekman, Gigi Estabrook, Paula Ferguson, Doug MacEachern, Catherine Mason, Lenny Muellner, Honza Pazdziora, Emily Quill und Geoffrey Young. Danke auch an alle anderen technischen Korrektoren – es sind zu viele, um sie hier alle zu nennen –, deren Hinweise viele Fehler beseitigt haben. Für alle verbliebenen Fehler übernehme ich die Verantwortung.

Typographische Konventionen

In diesem Buch werden die folgenden typographischen Konventionen verwendet:

Kursivschrift
> Kennzeichnet Dateinamen, Verzeichnisse, Klassennamen, URIs und URLs

`Nichtproportionalschrift`
> Kennzeichnet feststehenden (literalen) Text wie etwa Variablen, Anweisungen und Modulnamen

`Kursive Nichtproportionalschrift`
> Kennzeichnet Parameter, die durch bestimmte Werte ersetzt werden sollen

`{A|B}`
> Kennzeichnet Alternativen

`[Text]`
> Kennzeichnet optionalen Text

`...`   Zeigt an, daß das vorangehende Element wiederholt werden kann

Was ist mod_perl?

mod_perl ist ein Apache-Modul, das einen Perl-Interpreter in den Apache-Webserver einbettet. *mod_perl* besteht aus C-Code, der die Perl-Laufzeitbibliotheken umgibt und diese in Form von Perl-Klassen als Schnittstelle zur Apache-API bereitstellt. Dadurch wird es möglich, Apache-Module vollständig in Perl zu schreiben.

Der Overhead, der normalerweise beim Ausführen von CGI-Skripten entsteht, entfällt. Hierzu zählen etwa das Starten eines separaten Prozesses, das Laden und Initialisieren des Perl-Interpreters oder das Laden des eigentlichen Perl-Skripts und der eventuell dazugehörigen Module. Dies ist möglich, da der Perl-Code als Teil des Serverprozesses ausgeführt wird.

Das HTTP-Protokoll

HTTP – das Hypertext Transfer Protocol – ist die Grundlage, auf der das Web aufgebaut ist. Webserver nehmen HTTP-Requests entgegen und antworten mit einer HTTP-Response-Nachricht. *mod_perl*-Anwendungen laufen innerhalb des Webservers ab. Daher ist ein gutes Verständnis von HTTP-Protokollen für das Schreiben dieser Anwendungen notwendig. So ist es beispielsweise Aufgabe des Programmierers, dafür zu sorgen, daß die erzeugten Serverantworten (Responses) gültige Header enthalten. Eine Liste von HTTP-Headern und -Statuscodes finden Sie am Ende dieses Buches. Weitere Details finden Sie in Clinton Wongs *HTTP – kurz & gut* (O'Reilly).

Prozesse, Requests und Subrequests

Auf Unix-basierten Systemen benutzt Apache ein sogenanntes »pre-forking«-Prozeßmodell. Hierbei ließt der Apache-Hauptprozeß die Konfigurationsdatei und startet eine vordefinierte Anzahl von Kindprozessen, um eingehende Requests zu bearbeiten. Danach überwacht der Hauptprozeß die Kindprozesse, wobei dynamisch zusätzliche Kindprozesse gestartet oder überflüssige beendet werden, um eine Reihe von Prozessen zur Verfügung zu halten, die ihrerseits bereit sind, auf eingehende Anfragen zu antworten.

Requests werden von Apache in mehreren aufeinanderfolgenden Phasen abgearbeitet. Hierbei registrieren Apache-Module Handler für bestimmte Phasen, die beeinflußt werden sollen. Die meisten Module registrieren nur Handler für eine oder zwei Phasen der Request-Bearbeitung. Apache ruft die Handler für jede Phase der Reihe nach auf, bis ein Handler anzeigt, daß die Phase erfolgreich abgeschlossen wurde, oder ein Fehler auftritt. Die folgende Tabelle listet die einzelnen Phasen der Reihe nach auf.

Phase	Zweck
Child initialization (Initialisierung des Kindprozesses)	Übernimmt sämtliche nötigen Initialisierungen, wenn der Kindprozeß gestartet wird (wird nicht für jeden Request aufgerufen).
Post-read request	Eingangsphase, nachdem die Request-Header eingelesen wurden.
URI translation	Übersetzt den Request-URI in den Namensraum des Dateisystems.
Header parsing (Parsing des Header)	Erste Phase, in der die Informationen aus `<Directory>`-Bereichen zur Verfügung stehen (seitdem die *Post-read-Request*-Phase eingeführt wurde, wird diese Phase von Standard-Apache-Modulen nicht mehr benutzt).
Access control	Zugriffskontrolle, die nicht auf der Benutzeridentität basiert.
Authentication (Authentifizierung)	Überprüft die vom Benutzer eingegebenen Zugangsdaten.
Authorization (Autorisierung)	Überprüft, ob dem authentifizierten Benutzer Zugriff auf die angeforderte Ressource gewährt werden darf.
MIME type checking (Überprüfung des MIME-Typs)	Bestimmt die Attribute der Ressource, wie z.B. den Dokumentinhaltstyp (Content Type).
Fix-Up	Führt eventuelle Anpassungen vor der Inhaltserzeugungsphase durch.

Phase	Zweck
Content generation (Inhaltserzeugung)	Erzeugt die Serverantwort (Response).
Request logging	Protokolliert den Request.
Cleanup (Aufräumen)	Übernimmt alle nötigen Aufräumarbeiten, nachdem der Request bearbeitet wurde.
Child exit (Beenden des Kindprozesses)	Wird aufgerufen, bevor der Kindprozeß beendet wird (wird nicht für jeden Request aufgerufen).

Dieses Konzept ist etwas komplizierter, als hier dargestellt, da Module sogenannte »Subrequests« benutzen können, um ein anderes als das angeforderte Dokument zurückzugeben oder um zu überprüfen, wie die Serverantwort aussähe, wenn es einen Request für eine andere Ressource gegeben hätte. Subrequests beginnen mit der Phase der URI-Übersetzung und enden vor der Generierung des Inhalts.

Weitere Informationsquellen

Die folgenden Quellen enhalten weitere Informationen zu *mod_ perl* und verwandten Gebieten.

mod_perl

Die Website des »Apache/Perl Integration Project« (zu finden unter *http://perl.apache.org*) enthält Quellcode, Dokumentation, die Liste der Apache/Perl-Module und Stas Bekmans *mod_perl Guide*.

Writing Apache Modules with Perl and C von Lincoln Stein und Doug MacEachern (O'Reilly).

Apache

Apache von Ben Laurie und Peter Laurie (O'Reilly).

Professional Apache von Peter Wainwright (Wrox Press).

Apache – kurz & gut von Andrew Ford (O'Reilly).

HTTP – kurz & gut von Clinton Wong (O'Reilly).

Objektorientierte Perl-Programmierung

Programmieren mit Perl von Larry Wall, Tom Christiansen und Jon Orwant (O'Reilly).

Object Oriented Perl von Damian Conway (Manning).

Fortgeschrittene Perl-Programmierung von Sriram Srinivasan (O'Reilly).

CGI-Programmierung mit Perl von Scott Guelich, Shishir Gundavaram und Gunther Birznieks (O'Reilly).

Einrichten von mod_perl

Um *mod_perl* zu benutzen, müssen Apache und Perl sowie das Apache-Modul *mod_perl* installiert sein. Der einfachste Weg, dies zu tun, besteht darin, ein vorkompiliertes Paket zu benutzen. *mod_perl* besitzt viele Kompilierungsoptionen – es kann also gut sein, daß das von Ihnen installierte Paket nicht mit den von Ihnen benötigten Optionen kompiliert wurde. In diesem Fall müssen Sie die Kompilierung selbst erledigen. Anweisungen für die Kompilierung von *mod_perl* finden Sie im Paket mit dem Quellcode, in dem Buch *Writing Apache Modules with Perl and C* sowie in Stas Bekmans *mod_perl Guide*.

Konfiguration von Apache für die Benutzung von mod_perl

Ist *mod_perl* einmal installiert, muß Apache so konfiguriert werden, daß *mod_perl* für bestimmte Requests benutzt werden kann. Dies geschieht mit Hilfe bestimmter Direktiven, die in einer oder mehreren Konfigurationsdateien eingetragen werden müssen. *mod_perl* stellt außerdem einige zusätzliche Direktiven zur Verfügung.

Der erste Schritt besteht darin sicherzustellen, daß das *mod_perl*-Modul geladen wurde und aktiv ist. Wurde *mod_perl* nicht statisch in den Webserver eingebunden (in der Apache-Dokumentation auch *Dynamic Shared Object* oder DSO genannt), so müssen Sie in die Konfigurationsdatei des Servers folgende Zeile eintragen:

```
LoadModule libexec/libperl.so¹
```

Wenn *mod_perl* statisch in den Webserver eingebunden ist, wird diese Zeile nicht benötigt.

Standardmäßig sorgen die Konfigurationsdateien von Apache dafür, daß die interne Liste der aktiven Module gelöscht und dann in einer bestimmten Reihenfolge neu erzeugt wird. In diesem Fall muß in Ihren Konfigurationsdateien folgende Direktive präsent sein, ansonsten wird *mod_perl* nicht aktiviert:

```
AddModule mod_perl.c
```

Am einfachsten können Sie *mod_perl* verwenden, indem Sie einen Perl-Handler für die Phase der Inhaltserzeugung einrichten. Dazu müssen Sie Apache mitteilen, daß *mod_perl* das für diese Phase zuständige Apache-Modul ist. Außerdem müssen Sie *mod_perl* mitteilen, welche Perl-Handler-Funktion aufgerufen werden soll. Zum Beispiel:

```
<IfModule mod_perl.c>
    <Location /perl-bin>
        SetHandler  perl-script
        PerlHandler Apache::Registry
    </Location>
</IfModule>
```

Dieses Beispiel umgibt die Direktive mit einem <IfModule>-Block. Dadurch wird sichergestellt, daß Apache diese Direktiven ignoriert, falls *mod_perl* nicht aktiv ist. Ansonsten würde Apache mit einer Fehlermeldung über ungültige Anweisungen beendet.

Außerdem können Sie Apache mit *mod_perl* dynamisch konfigurieren, indem Sie Perl-Code direkt in die Konfigurationsdateien einbetten. Dies geschieht mit Hilfe spezieller <Perl>-Abschnitte.

---

1. `modules/libperl.dll` unter Windows – Anm. d. Ü.

Perl-Code laden

Die Direktiven `PerlModule` und `PerlRequire` sorgen dafür, daß Perl-Code bereits beim Start von Apache in den eingebetteten Interpreter geladen wird. Mit der Direktive `PerlModule` laden Sie eines oder mehrere Module, während Sie per `PerlRequire` bestimmte Skripten laden können. Eine gängige Vorgehensweise besteht darin, per `PerlRequire` ein Startup-Skript anzugeben

```
<IfModule mod_perl.c>
    PerlRequire /web/skripten/module.pl
</IfModule>
```

und dann von diesem Skript aus die benötigten Module zu laden:

```
#!/usr/bin/perl
# Skript zum Laden der Module beim Start von Apache
use Apache::Registry ();
use CGI ();
# etc, etc
1;
```

Außerdem können Sie Perl-Code direkt in die Konfigurationsdateien einbetten, indem Sie diesen in `<Perl>`-Abschnitte einbetten.

Jedes mit `use()` eingebundene Modul sollte mit einer expliziten Import-Liste versehen werden, da jede importierte Symboltabelle Speicherplatz verbraucht. Die Export-Listen der Module selbst verbrauchen in der Regel mehr Speicher als eigentlich nötig.

Module und deren Variablen, die während der Startphase von Apache geladen werden, belegen bei modernen Betriebssystemen, deren Speicherverwaltung »Copy-on-Write« beherrscht, nur einmal Speicherplatz, egal wie viele Kindprozesse gestartet werden. Ändert jedoch einer dieser Prozesse diese Variablen oder lädt ein neues Modul, erhält er eine eigene Kopie der entsprechenden Speicherseiten, wodurch der gesamte Speicherbedarf erhöht wird.

Sicherheitsaspekte

Jedes Skript, das auf einem Webserver läuft, stellt ein potentielles Sicherheitsrisiko dar. Darüber hinaus ist es möglich, mit Perl-Code, der unter *mod_perl* läuft, auf alle Bereiche zuzugreifen, auf die auch Apache Zugriff hat. Da Apache in der Regel mit Root-Rechten gestartet wird, hat Code, der mit der Direktive `PerlModule` oder `PerlRequire` geladen wird, Zugriff auf das gesamte System. Wenn Sie für die Betreuung des Webservers zuständig sind, sollten Sie daher besonders vorsichtig sein, wenn Sie Code für *mod_perl* schreiben, und eine Art positive Paranoia an den Tag legen, wenn es sich um Code von Dritten handelt. Sie sollten außerdem dafür sorgen, daß die Dateirechte für alle Skripten, Module und Konfigurationsdateien korrekt eingestellt sind. Keine dieser Dateien sollte global beschreibbar sein. Auch Benutzer (wie z.B. "nobody" und "www"), deren Rechte Apache in späteren Phasen hat, wenn ein Kindprozeß ausgeführt wird, sollten nicht in die Skripten schreiben können.

Konfigurationsdateien dokumentieren

mod_perl erkennt eine Reihe von Anweisungen des Perl-Dokumentationsformats *POD* (Plain Old Documentation). Dadurch können Sie die Apache-Konfigurationsdateien mit eingebetteten POD-Anweisungen dokumentieren, die sich dann mit Hilfe der entsprechenden POD-Konvertierer in Unix-Manpages, HTML, PostScript usw. umformatieren lassen.

Ein POD-Abschnitt beginnt mit einer `=pod`-Anweisung und ist gültig, bis eine `=cut`-Anweisung gefunden wird. Das Token `__END__` wird von *mod_perl* verwendet, um das logische Ende einer Datei anzugeben.

In POD-Abschnitte eingebettete Apache-Direktiven können in die formatierte Dokumentation eingebettet und trotzdem ausgewertet werden, indem man dieser eine `=over`-Anweisung voranstellt, die das Wort `apache` an einer beliebigen Stelle auf der gleichen Zeile enthält. Nach der Direktive wird die Anweisung `=back` benutzt, um wieder in den POD-Modus zurückzugelangen. Beachten Sie, daß POD-Werkzeuge (Konvertierer usw.) den Text innerhalb von Absätzen umbrechen, sofern dieser nicht eingerückt ist. Es ist also am besten, wenn Sie sämtliche Apache-Direktiven innerhalb der POD-Dokumentation einrücken, damit sie korrekt ausgegeben werden. Zum Beispiel:

```
=pod

=head1 PERL-SKRIPT-VERZEICHNIS
```

```
Dieser Text ist ein Kommentar für die folgenden Zeilen,
mit denen Sie ein I<perl-bin>-Verzeichnis einrichten
können:

=over to apache

  <Location /perl-bin>
      SetHandler  perl-script
      PerlHandler Apache::Registry
  </Location>

=back

Und dies ist die letzte Kommentarzeile.

=cut
```

CGI-Skripten für die Benutzung mit mod_perl anpassen

Eine der wichtigsten Anwendungen von *mod_perl* besteht darin, die Ausführungsgeschwindigkeit von bestehenden Perl-CGI-Skripten zu steigern. Wenn Sie bereits seit einiger Zeit einen Webserver betreiben, besitzen Sie vermutlich bereits eine Reihe dieser Skripten. Glücklicherweise ist es nicht notwendig, diese komplett neu zu schreiben, um von der verbesserten Performance von *mod_perl* zu profitieren. Die zwei Apache/Perl-Module `Apache::Registry` und `Apache::PerlRun` simulieren eine CGI-Umgebung, die es Ihnen ermöglicht, die meisten Perl-CGI-Skripten unverändert oder mit geringen Modifikationen laufen zu lassen. Mit `Apache::PerlRun` können Sie mehr Skripten mit weniger Änderungen laufen lassen, wobei `Apache::Registry` normalerweise bevorzugt wird, da es wesentlich größere Geschwindigkeitssteigerungen bietet.

Apache::Registry

Das Modul `Apache::Registry` kompiliert CGI-Skripten und führt diese innerhalb des Apache-Serverprozesses aus. Hierdurch wird der Overhead vermieden, der entsteht, wenn die Skripten für jeden Request neu kompiliert werden müssen. Ein Skript wird nur dann neu kompiliert, wenn die Änderungszeit modifiziert wurde.

Apache::Registry führt die gleichen Tests aus wie das Apache-Modul *mod_cgi*: Die Option ExecCGI muß eingeschaltet sein, und für die Datei, die das Skript enthält, muß das Execution-(Ausführungs-)Bit gesetzt sein (zumindest bei Unix-Systemen). Um Apache so einzurichten, daß Apache::Registry für alle Dateien innerhalb eines *perl-skripten*-Verzeichnisses zuständig ist, schreiben Sie folgendes in die Konfigurationsdatei:

```
Alias    /perl-skripten/  /web/perl-skripten/

<Location /perl-skripten>
    SetHandler      perl-script
    PerlHandler     Apache::Registry
    Options         +ExecCGI
    PerlSendHeader  On
</Location>
```

Eine gebräuchliche Alternative besteht darin, alle Dateien, die auf *.pl* enden, von Apache::Registry bearbeiten zu lassen:

```
<FilesMatch "\.pl$">
    SetHandler      perl-script
    PerlHandler     Apache::Registry
    Options         +ExecCGI
    PerlSendHeader  On
</FilesMatch>
```

Hierbei ist es wichtig zu wissen, daß Skripten, die unter *mod_perl* ausgeführt werden, in einer anderen Umgebung laufen als normale CGI-Skripten. Ein CGI-Skript läuft in einem vom Webserver unabhängigen Prozeß, und die benutzten Ressourcen werden beim Beenden des Skripts in der Regel wieder freigegeben. Läuft ein Skript dagegen unter *mod_perl*, so kann es innerhalb der Kindprozesse wiederholt ausgeführt werden, wodurch der Zustand von der vorherigen Ausführung unter Umständen übernommen wird. Daher sollten Sie sich nicht darauf verlassen, daß Variablen beim Start des Skripts neu initialisiert werden, und notwendige »Aufräumarbeiten«, wie das Schließen von Dateien, das Aufheben von Datei-Locks und das Löschen großer Datenstrukturen, explizit vornehmen. Die Benutzung der use strict-Anweisung kann Ihnen bei der Vermeidung vieler potentieller Probleme helfen. Wird die Kommandozeilenoption -w in der #!-Zeile benutzt, so wird entsprechend verfahren.

Um ein Skript zu kompilieren, umgibt Apache::Registry dieses mit Perl-Code, der eine Funktion innerhalb eines automatisch generierten und eindeutigen Packages definiert. Dieser Code wird dann mit Hilfe des eval-Operators von Perl ausgewertet. Diese Code-Umwandlung hat drei Nebeneffekte:

* __END__- und __DATA__-Token sind im Skript nicht erlaubt, da sie ein logisches Dateiende anzeigen würden, bevor der Funktionsblock vollständig ist. In den vom Skript eingebundenen Modulen dürfen sie jedoch verwendet werden.

* Globale Variablen, die im Skript definiert wurden, befinden sich nicht länger im main-Package.

* Funktionen und my()-Variablen, die außerhalb einer beliebigen Funktion deklariert wurden, befinden sich nun in der umgebenden Funktion. Referenzen auf die Variablen innerhalb der Funktionen des Skripts werden zu Referenzen auf lexikalische Variablen in einer äußeren Funktion. Aufgrund der Funktionsweise von Perl ist es nicht möglich, daß sich der Code der äußeren und der inneren Funktion die gleichen Variablen teilen können. Eine Lösung für dieses Problem besteht darin, die Variablen als Argumente an die innere Funktion zu übergeben oder mit Hilfe des Pragmas use vars für das entsprechende Package globale Variablen zu deklarieren.

Beim ersten Request auf ein Skript lädt Apache::Registry das Skript in den Kindprozeß. Mit dem Modul Apache::RegistryLoader ist es möglich, das Skript im voraus in den Hauptprozeß zu laden, wodurch die Antwortzeit beim ersten Aufruf verringert wird und der Code für alle Prozesse nur einmal Speicher belegt.

Skripten, die mit Apache::Registry ausgeführt werden, sind nicht auf die normale CGI-Umgebung beschränkt. Ein Skript kann sich mittels Apache->request eine Referenz auf das Request-Objekt besorgen und so sämtliche *mod_perl*-Klassen benutzen (dies ist auch mit dem shift-Operator möglich, da an die umgebende Funktion eine Referenz auf das Request-Objekt übergeben wird). Das Skript sollte einen HTTP-Content-Type-Header ausgeben (damit der verwendete MIME-Typ des resultierenden Dokuments definiert ist), gefolgt von einer leeren Zeile und dem Dokument-Body. Header können entweder explizit ausgegeben werden oder indem *mod_perl* oder das Modul `CGI.pm` benutzt wird.

Apache::PerlRun

Ähnlich wie `Apache::Registry` wertet `Apache::PerlRun` das CGI-Skript in einem einmaligen Package aus. Allerdings wird der Code nicht mit einer Subroutine umgeben oder im Arbeitsspeicher gehalten (»gecacht«). Nachdem das Skript ausgeführt wurde, wird der temporäre Namensraum wieder freigegeben. `Apache::PerlRun` ist bei aufeinanderfolgenden Requests, die von einem bestimmten Kindprozeß abgearbeitet werden, langsamer als `Apache::Registry`. Dafür kann `Apache::PerlRun` mit vielen Skripten umgehen, die unter `Apache::Registry` nicht laufen würden. Module, die von einem von `Apache::PerlRun` ausgeführten Skript eingebunden werden, werden in den Server geladen und trotzdem im Arbeitsspeicher gehalten.

Bereitet Ihnen ein bestimmtes Skript selbst unter `Apache::PerlRun` noch Probleme, können Sie folgende Direktive in die entsprechende Konfigurationsdatei des Webservers eintragen:

```
PerlSetVar  PerlRunOnce  On
```

Hierdurch wird veranlaßt, daß der Prozeß, der das Skript unter `Apache::PerlRun` ausführt, beendet wird, nachdem der Request abgearbeitet wurde. Diese Direktive kann entweder in einem Container-Abschnitt stehen oder in separate Konfigurationsdateien für jedes Verzeichnis geschrieben werden, um nur auf bestimmte Skripten Einfluß zu nehmen.

Migrationsstrategie

Eine sinnvolle Migrationsstrategie könnte aus den folgenden Schritten bestehen:

1. Stellen Sie sicher, daß das `use strict`-Pragma benutzt wird und daß das Skript auch mit eingeschalteten Warnungen funktioniert (und daß alle Warnungen auch verstanden werden), bevor Sie das Skript unter *mod_perl* ausführen.

2. Richten Sie Apache so ein, daß das Skript unter `Apache::PerlRun` ausgeführt wird.

3. Optimieren Sie das Skript, so daß es unter `Apache::Registry` ausgeführt wird.

4. Schreiben Sie das Skript neu, um es unter *mod_perl* ausführen zu können.

5. Schreiben Sie das Skript neu, um es als *mod_perl*-Modul verwenden zu können.

Natürlich müssen Sie nicht unbedingt alle Schritte ausführen, um das Skript zum Laufen zu bekommen. Bedenken Sie jedoch, daß die zusätzlichen Schritte in der Regel die Performance erhöhen. Sie müssen hierbei die zusätzliche Arbeit gegen den potentiellen Performance-Gewinn abwägen.

Perl in HTML-Dokumente einbetten

Ein gebräuchlicher Ansatz, um Webseiten mit eingeschränkter dynamischer Funktionalität zu versehen, ohne in die Tiefen der Programmierung abzusteigen, besteht darin, Skript-Anweisungen in HTML-Seiten einzubetten. Es gibt eine Reihe von Möglichkeiten, dies zu tun. Diese reichen von Server Side Includes (SSI) über Template-Lösungen bis hin zu speziellen Sprachen wie PHP. Die älteste Lösung waren Server Side Includes, die in Kombination mit *mod_perl* Teile von Perl-Code innerhalb von SSI-Tags erlauben.

Es gibt eine Reihe von Template-Systemen, die entweder auf *mod_perl* basieren oder mit *mod_perl* verwendet werden können. Zu erklären, wie diese Systeme verwendet werden, ginge über den Rahmen dieses Buches hinaus. Sie finden jedoch eine Liste dieser

Möglichkeiten im »Apache/Perl-Module«-Teil dieses Buches. Die Template-Systeme unterscheiden sich in ihren Verwendungsmöglichkeiten; in der Regel bieten sie jedoch einen weiteren Funktionsumfang als SSI, wie zum Beispiel das Zwischenspeichern (»Caching«) von Seiten, Session-Verwaltung und Komponentenbibliotheken.

Perl Server Side Includes

Es existieren zwei Implementierungen von SSI, die eine Einbettung von Perl-Code zulassen. Für die erste Möglichkeit wird eine Erweiterung des Apache-Moduls *mod_include* verwendet. Um Perl verwenden zu können, muß *mod_perl* mit der Option PERL_SSI kompiliert werden. Die zweite Möglichkeit besteht in der Verwendung des Apache/Perl-Moduls Apache::SSI. Dieses Modul kann Funktionen weitervererben, wodurch es möglich ist, die Funktionalität um eigene Direktiven zu erweitern.

Beide Optionen stellen eine #perl-Direktive bereit, mit der eine beliebige Subroutine aufgerufen werden kann, deren Ausgabe in die Webseite eingebettet wird. Es gibt allerdings einige subtile Unterschiede zwischen beiden Ansätzen. In beiden Fällen wird der Direktive ein sub-Argument übergeben, das angibt, welche Subroutine aufgerufen werden soll, sowie ein arg-Argument, das seinerseits Argumente angibt, die an die Subroutine übergeben werden sollen (dies kann mehr als einmal vorkommen). Das Modul Apache::SSI besitzt ein entsprechendes Argument mit dem Namen args. In diesem Fall können mehrere Argumente mittels einer durch Kommata getrennten Liste an die Subroutine übergeben werden. Sofern die Werte der SSI-Attribute Leerzeichen enthalten, müssen diese in Anführungszeichen stehen. Literale Anführungszeichen müssen entweder mit einem Backslash oder mit einem der Quoting-Operatoren von Perl geschützt werden.

Bei der Subroutine kann es sich entweder um eine benannte, bereits in den Server geladene oder um eine anonyme Subroutine handeln. Der Subroutine wird eine Referenz auf das Request-Objekt sowie eine Liste der angegebenen Argumente übergeben.

Die Standardvariante von Perl SSI (*mod_include*) sucht innerhalb der Attributnamen nach den Strings sub und arg. Variationen, wie

subroutine, arg1 und args, werden ebenfalls erkannt. Außerdem
können CGI- und SSI-Variablen innerhalb der arg-Attribute interpoliert werden. Apache::SSI sucht nach genauen Übereinstimmun-
gen mit den Attributnamen. CGI- und SSI-Variablen innerhalb der
Attributwerte werden nicht interpoliert.

Das folgende Beispiel zeigt die Verwendung von anonymen Subroutinen und literalen Anführungszeichen innerhalb des Wertes
des sub-Attributs:

```
<!--#perl sub="sub { my($r, @argumente) = @_;
                    print qq{Die Argumente sind: },
                          join(\"; \", @argumente);
                 }"
         arg="Erstes Argument"
         args="$SERVER_NAME,$PATH_INFO"  -->
```

Dieses Beispiel ist zwar etwas konstruiert, da es einfach nur die
übergebenen Argumente wieder ausgibt, aber es demonstriert eine
Reihe von Anwendungsmöglichkeiten. Beachten Sie, daß das
zweite Beispiel SSI-Variablen enthält. Dieses Beispiel funktioniert
sowohl mit dem erweiterten *mod_include*-Modul (siehe oben) als
auch mit Apache::SSI. Allerdings erkennt das Standard-SSI-Modul
nur zwei Argumente, da es args als Synonym zu arg ansieht.
Apache::SSI hingegen teilt das zweite Argument in zwei Teile auf
und erkennt daher ingesamt drei Argumente. Der Rumpf der anonymen Subroutine enthält außerdem Beispiele für die Verwendung von literalen Anführungszeichen (die mit Escape-Zeichen
versehen werden müssen) sowie eine Möglichkeit, einen der internen Quoting-Operatoren von Perl ("qq") zu verwenden.

Perl SSI kann verwendet werden, sobald *mod_include* geladen ist.
Beachten Sie, daß hierbei für die Verzeichnisse, die SSI-Dateien
enthalten, die Includes-Option angegeben sein muß. Server Side
Includes können folgendermaßen konfiguriert werden:

```
AddModule    mod_include.c
AddType      text/html      .shtml
SetHandler   server-parsed  .shtml
<Directory /web/htdocs>
    Options     +Includes
</Directory>
```

Unter `Apache::SSI` werden Server Side Includes von einem Apache/Perl-Modul bearbeitet. Für die Konfiguration werden daher die Direktiven `SetHandler` und `PerlHandler` verwendet. Das folgende Beispiel zeigt, wie die Konfiguration aussieht, um alle Dateien, die auf *.phtml* enden, von Perl SSI bearbeiten zu lassen:

```
<Files *.phtml>
    ForceType   text/html
    SetHandler  perl-script
    PerlHandler Apache::SSI
</Files>
```

SSI-Direktiven

Die folgenden Standard-SSI-Direktiven werden von *mod_include* implementiert.

`<!--#config [Attribut=Wert] ... -->`

Konfiguriert sämtliche Aspekte, die das Parsing betreffen. Die gültigen Attribute sind:

Attribut	Bedeutung
errmsg	Nachricht, die angezeigt wird, wenn beim Parsen der SSI-Anweisungen ein Fehler auftritt
sizefmt	Format zur Darstellung von Dateigrößen; entweder bytes oder abbrev
timefmt	String im strftime()-Format; benutzt für Datumsangaben

`<!--#echo encoding={url|none} var=Name der Variable -->`

Gibt den Wert einer mit dem `var`-Attribut angegebenen CGI- oder SSI-Variable aus.

`<!--#set var=Name der Variable value=Wert -->`

Setzt den Wert der angegebenen Variable auf den angegebenen Wert.

`<!--#printenv -->`

Gibt alle Variablen und deren Werte aus.

```
<!--#exec {cmd=Kommando|cgi=URL-Pfad} -->
```
> Führt das angegebene Shell-Kommando (unter Verwendung von /bin/sh) oder CGI-Skript aus.

```
<!--#fsize {file=Dateipfad|virtual=URL-Pfad} -->
```
> Gibt die Größe der angegebenen Datei aus.

```
<!--#flastmod {file=Dateipfad|virtual=URL-Pfad} -->
```
> Gibt das letzte Änderungsdatum der angegebenen Datei aus.

```
<!--#include {file=Dateipfad|virtual=URL-Pfad} -->
```
> Bindet die angegebene Datei in die Ausgabe ein.

```
<!--#if expr="Bedingung" -->
<!--#elif expr="Bedingung" -->
<!--#else -->
<!--#endif -->
```
> Definiert einen bedingten Anweisungsblock. Folgende Operatoren werden unterstützt: =, !=, <, <=, < und >=. Vergleiche können in Klammern zusammengefaßt werden. Ein vorangestelltes Ausrufezeichen (!) negiert die Bedingung. Bedingungen können außerdem mit Hilfe der Operatoren AND (&&) oder OR (||) miteinander kombiniert werden.

Folgende Direktive wird zusätzlich zu den Standardfunktionen von Perl SSI bereitgestellt:

```
<!--#perl sub={Subroutinen-Name|anonyme_Subroutine} arg=Wert... -->
```
> Ruft eine benannte oder anonyme Subroutine auf und bindet den Rückgabewert in die Ausgabe ein.

Programmieren mit mod_perl

Auch wenn *mod_perl* meistens dazu benutzt wird, CGI-Skripten auszuführen, wird seine Performance und Flexibilität erst dann in vollem Umfang klar, wenn native *mod_perl*-Applikationen benutzt werden. Die Programmierung solcher Applikationen umfaßt einen sehr weiten Bereich und kann daher hier leider nicht im Detail behandelt werden. Umfassende Informationen finden Sie jedoch in den bereits vorgestellten Quellen. Dieser Abschnitt gibt einen Überblick über die Programmierung mit *mod_perl*. Behandelt werden grundsätzliche Bereiche der Handler-Funktionen für die Inhaltsgenerierung und andere Phasen. Außerdem finden Sie hier

Ratschläge zum Debuggen der Handler, für den Zugriff auf Konfigurationsinformationen und Datenbanken sowie für die Zustandsverwaltung zwischen mehreren Seiten.

Für das Schreiben von *mod_perl*-Applikationen wird ein anderer Ansatz benötigt als bei den üblichen CGI-Skripten, die eher als eigenständige Programme anzusehen sind, die vom Webserver während der Phase der Inhaltsgenerierung aufgerufen werden. Ein wichtiger Unterschied besteht darin, daß eine *mod_perl*-Applikation in jede beliebige Phase der Request-Bearbeitung eingreifen kann. Normalerweise behandelt eine solche Applikation nur eine oder zwei dieser Phasen. Der Anwendungsbereich richtet sich dabei nach der Hauptaktivität der Applikation: Generierung von Inhalten, Zugriffskontrolle, Abbilden von URIs auf das Dateisystem oder die Ermittlung des MIME-Typs einer Ressource. Die Apache/Perl-Module, die im *mod_perl*-Paket enthalten sind, verfügen über eine große Anzahl an Beispielen für die vielfältigen Verwendungsmöglichkeiten.

Handler-Funktionen

Eine *mod_perl*-Applikation ist in eine oder mehrere Callback-Handler-Funktionen unterteilt, die in bestimmte Phasen der Request-Bearbeitung eingreifen. Eine Handler-Funktion wird normalerweise mit einem einzelnen Argument aufgerufen – einer Referenz auf das Request-Objekt (per Konvention $r genannt). Als Rückgabewert wird ein Statuscode erwartet, der das Ergebnis der Bearbeitung der Phase angibt, für die die Funktion aufgerufen wurde.

Für jede Request-Phase ruft Apache die für den Request anwendbaren Handler auf, bis einer dieser Handler anzeigt, daß die Bearbeitung der Phase abgeschlossen ist. Handler sollten eine der folgenden Meldungen zurückgeben: entweder DECLINED, sofern die aktuelle Phase nicht von diesem Handler bearbeitet werden soll, OK, wenn die Phase erfolgreich abgearbeitet wurde, oder einen HTTP-Fehlercode. Gibt ein Handler die Meldung DONE zurück, wird die Bearbeitung des Requests an dieser Stelle beendet, und Apache geht direkt zur Logging-Phase über.

Response-Handler

Die häufigste Handler-Typ ist der Content-Handler (Handler für
die Inhaltsgenerierung). Dieser hat in der Regel die folgende Struktur:

```
sub handler {
    my $r = shift;

    # MIME-Typ auf Korrektheit überprüfen
    $r->content_type eq 'text/plain' || return DECLINED;

    # HTTP-Header schicken und Inhalt ausgeben
    $r->send_http_header;
    $r->print("Hallo Welt\n");

    # Phase wurde erfolgreich abgeschlossen...
    return OK;
}
```

Wenn sich die Serverantwort auf einen bestimmten Request nicht regelmäßig ändert, sollte ein Handler überprüfen, ob ein `IfModified-Since`-HTTP-Header übergeben wurde, um ein erneutes Senden des Dokuments zu vermeiden. Dies kann mit der Methode `meets_conditions()` erreicht werden. Gibt die Methode etwas anderes zurück als `OK`, gibt der Handler einfach diesen Wert zurück.

Handler für andere Phasen

Mit Hilfe von Handler-Funktionen ist es außerdem möglich, bestimmte Attribute des Requests einzustellen. Dies geschieht unter Verwendung der Methoden, die im Abschnitt »Die mod_perl-API« beschrieben werden. In der folgenden Liste finden Sie eine Reihe von typischen Aktionen, die Handler für bestimmte Request-Phasen ausführen können:

Übersetzung von URIs
    In diesem Fall überprüft der Handler den URI und übersetzt
    ihn in den entsprechenden Dateipfad für den aktuellen Request.

Zugriffskontrolle
    Der Handler testet auf bestimmte Teile des Requests, wie die
    IP-Adresse des entfernten Rechners, die Uhrzeit oder den ver-

wendeten Browser (User-Agent), und gibt den Status FORBIDDEN zurück, wenn der Zugriff verweigert werden soll. Zum Beispiel:

```
sub handler {
    my $r = shift;
    return $r->remote_ip =~ /^10\./ ?
        DECLINED : FORBIDDEN;
}
```

Authentifizierung

Falls der Test fehlschlägt und die Anwort des Handlers eindeutig ist, wird der Status oder aber DECLINED zurückgegeben, um die Entscheidung an den nächsten Authentifizierungs-Handler weiterzugeben.

Überprüfung des MIME-Typs

Der Handler bestimmt den verwendeten MIME-Typ und stellt Inhaltstyp, Codierung, Sprache sowie andere Attribute entsprechend ein.

Logging

Handler für diese Phase übernehmen die Protokollierung. Sämtliche anwendbaren Handler werden aufgerufen, egal ob die Bearbeitung des Requests selbst erfolgreich war oder nicht.

Cleanup

Dieser Handler übernimmt die »Aufräumarbeiten«, nachdem die Applikation beendet wurde, um mögliche Performance-Probleme bei folgenden Requests zu vermeiden. Ist ein »normales« CGI-Programm mit der Bearbeitung eines Requests fertig, wird es beendet, und sämtliche benutzten Ressourcen werden wieder freigegeben. Im Gegensatz dazu laufen *mod_perl*-Applikationen als Teil eines Apache-Kindprozesses ab und verbleiben auch nach der Bearbeitung des Requests im Arbeitsspeicher. Die benutzten Ressourcen werden also nicht automatisch wieder freigegeben. Beachten Sie, daß zu diesem Zeitpunkt die HTTP-Transaktion beendet sein muß.

Mehrere Handler für eine Phase und Methoden-Handler

Handler werden in der Regel mit der Perl*Handler-Direktive für eine bestimmte Request-Phase installiert. Mit einer Direktive können aber auch mehrere Handler angegeben werden. Diese werden in der angegebenen Reihenfolge aufgerufen. Außerdem kann ein Handler seinerseits mit der `push_handlers()`-Methode auch weitere Handler für spätere Phasen registrieren. Die Handler werden am Ende der Liste angehängt und nach den Handlern aufgerufen, die in den Konfigurationsdirektiven angegeben wurden.

Um anzugeben, daß es sich um einen Methoden-Handler handelt, kann der Prototyp `($$)` verwendet werden. Der Handler wird folgendermaßen konfiguriert:

```
PerlHandler Apache::IhrModul->handler
```

Die Methode wird entweder mit einem Klassennamen oder einem mittels `bless()` einer Klasse zugehörig markierten Objekt als erstem Argument und dem mit `bless()` markierten Request-Objekt als zweitem Argument aufgerufen. Methoden-Handler erlauben außerdem die Vererbung von Methoden anderer Klassen. Diese können jedoch nicht direkt mit `push_handlers()` verwendet werden, da *mod_perl* solche Funktionen nur mit einem Argument aufruft. Diese Einschränkung kann jedoch mit Hilfe von Closures umgangen werden. Zum Beispiel:

```
sub fixup_handler ($$) {
    # ...
}

sub mime_type_handler ($$) {
    my($self, $r) = @_;

    $r->push_handlers(PerlFixupHandler =>
                     sub { my $r = shift;
                           $self->fixup_handler($r); } );
}
```

Debugging von mod_perl-Handlern

mod_perl-Applikationen laufen in einer komplexen Umgebung ab, die das Debugging erschweren kann. Es ist hilfreich, die Applikationen modular aufzubauen, wodurch jede Komponente zuerst für sich getestet werden kann. Die Handler-Funktionen selbst können oft mit Hilfe des Moduls Apache::FakeRequest von Fehlern befreit werden. Dieses Modul benutzt ein Pseudo-Request-Objekt, das an den Handler übergeben werden kann. Um Ihren Code im Perl-Debugger zu testen, können Sie folgendes einfache Wrapper-Skript verwenden, um das Verhalten Ihres Codes zu überprüfen:

```
#!/usr/bin/perl

use Apache::FakeRequest;
use Apache::IhrModul;

my $r = Apache::FakeRequest->new(attr => value, ...);
Apache::IhrModul::handler($r);
```

Sie können Perl-Code auch debuggen, während dieser unter Apache läuft. Dies geschieht mit Hilfe der Apache::DB-Module. Hierfür muß der Server allerdings mit der -X-Option gestartet werden, damit er als Einzelprozeß läuft.

Zugriff auf Konfigurationsinformationen

Durch den Zugriff auf Konfigurationsinformationen während der Laufzeit ist es möglich, eine *mod_perl*-Applikation an die Bedürfnisse bestimmter Webserver anzupassen. Diese Informationen können über die Kommandozeile, durch Umgebungsvariablen und in den Apache-Konfigurationsdateien als Elemente des %ENV-Hashs und als Werte, die für jedes Verzeichnis mittels der Direktiven PerlSetVar und PerlAddVar separat zugewiesen werden können, übergeben werden.

Normalerweise richtet Apache die Umgebung für Subprozesse vor der Inhaltsgenerierungsphase ein. Hierfür wird die Umgebung in den %ENV-Hash kopiert. Die Direktiven PerlSetEnv und PerlPassEnv sorgen dafür, daß bestimmte Werte des %ENV-Hashs bereits zu Beginn der Request-Bearbeitung festgelegt werden. Die vollständige Initialisierung des %ENV-Hashs kann zu einem beliebigen Zeitpunkt

der Request-Bearbeitung ausgelöst werden, indem die Methode
`subprocess_env()` ohne Argumente aufgerufen wird, wobei aber
kein Ergebnis gelesen wird (void-Kontext). Die Werte der ver-
zeichnisbezogenen Variablen können mittels der Methode `dir_`
`config()` ausgelesen werden.

Zugriff auf Datenbanken

Web-Applikationen müssen oft auf Informationen in SQL-Daten-
banken zugreifen oder diese aktualisieren. Es würde eine unakzep-
table Belastung bedeuten, für jeden Request eine Verbindung aufzubauen und diese danach wieder zu schließen. Wird das Modul
`Apache::DBI` vor dem `DBI`-Modul geladen, ist es möglich, Daten-
bank-Handles zwischenzuspeichern und diese wiederzuverwen-
den, sofern die Abfrageparameter sich exakt mit denen der vorangehenden Verbindung decken. Für Verbindungen, die während
der Initialisierung des Haupt-Apache-Prozesses aufgebaut werden,
findet kein Caching statt. Diese Verbindungen sollten geschlossen
werden, bevor die Kindprozesse gestartet werden, da mehrere Prozesse nicht das gleiche Datenbank-Handle benutzen können. Mit
Hilfe der `connect_on_init()`-Methode können Datenbankverbindungen in Kindprozessen automatisch geöffnet werden.

In Fällen, in denen die Wiederverwendung von Datenbank-Hand-
les unwahrscheinlich ist, kann es kontraproduktiv sein, diese zwischenzuspeichern. `Apache::DBI` überlädt die `disconnect()`-Methode
als No-Operation (macht sie faktisch unwirksam), so daß die Verbindung nicht geschlossen wird. Dadurch werden sämtliche Datenbankverbindungen für die Lebensdauer eines Kindprozesses
offen gehalten. Auf einem Server, der sehr viele Requests gleich-
zeitg zu bearbeiten hat, kann die Belastung, die durch das Caching
der Verbindungen entsteht, den Datenbankserver an seine Gren-
zen bringen, da Datenbankserver Ressourcen für die Verbindungen zuweisen. In solchen Fällen ist es nicht ratsam, `Apache::DBI` zu
benutzen.

Zustandsverwaltung

Web-Applikationen, die über mehrere Seitenaufrufe hinweg mit
dem Benutzer interagieren, benötigen einen Mechanismus zur

Zustandsverwaltung. Diese Information kann in Form eines Cookies beim Client gespeichert werden, als verstecktes Formularfeld übergeben werden oder als Teil des URL weitergereicht werden. Alternativ dazu kann die Information auf dem Server in einer Datenbank gespeichert werden. In diesem Fall reicht es aus, einen einmaligen Session-Key an den Browser zurückzugeben, um die nötigen Zustandsinformationen aus der Datenbank auszulesen. Das Modul `Apache::Session` bietet eine Reihe von Möglichkeiten, Zustandsinformationen auf dem Server zu speichern.

Die mod_perl-API

Die *mod_perl*-API wird durch eine Reihe von Perl-Klassen definiert, die bestimmte Methoden, Spezialvariablen und Konstanten bereitstellen. In den Beschreibungen dieser Methoden in diesem Abschnitt repräsentieren die Variablen `$s`, `$r` und `$c` ein Server-Objekt (`Apache::Server`), ein Request-Objekt (`Apache`) und ein Verbindungs-(Connection-)Objekt (`Apache::Connection`).

Je nachdem, welche Installation von *mod_perl* benutzt wird und wie diese kompiliert wurde, kann es sein, daß nicht alle hier beschriebenen Features zur Verfügung stehen. Mit den Methoden `mod_perl::hook()` oder `Apache::perl_hook()` können Sie überprüfen, ob ein bestimmter Handler unterstützt wird.

Beachten Sie bitte, daß viele *mod_perl*-Methoden abhängig davon, ob ein Argument angegeben wurde, den Wert eines Attributs entweder setzen oder auslesen. Wird einer solchen Methode ein Argument mitgegeben, wird der Wert des Attributs neu gesetzt und der alte Wert zurückgegeben.

Das Request-Objekt

Handler werden mit einer Referenz auf das gegenwärtige Request-Objekt (`Apache`) aufgerufen. Dieses wird per Konvention `$r` genannt.

`$r = Apache->request([$r])`
 Gibt eine Referenz auf das Request-Objekt zurück. Das erste Argument, das an einen Perl-Handler übergeben wird, ist eine Referenz auf das Request-Objekt.

$bool = *$r*->is_initial_req

Gibt wahr zurück, sofern es sich um den Haupt-Request handelt, und falsch, wenn es sich um einen Subrequest oder eine
interne Umleitung (internal redirect) handelt.

$bool = *$r*->is_main

Gibt wahr zurück, sofern es sich um den Haupt-Request oder
eine interne Umleitung handelt, und falsch, wenn es sich um
einen Subrequest handelt.

$req = *$r*->last

Gibt eine Referenz auf das letzte Request-Objekt der Kette zurück. Bei der Benutzung in einem Logging-Handler ist dies das
Request-Objekt, das das endgültige Ergebnis erzeugt hat.

$req = *$r*->main

Gibt entweder eine Referenz auf das Haupt-Request-Objekt
(den initialen Request) zurück oder undef, wenn *$r* selbst das
Haupt-Request-Objekt ist.

$req = *$r*->next

Gibt eine Referenz auf das folgende Request-Objekt der Kette
zurück.

$req = *$r*->prev

Gibt eine Referenz auf das vorangehende Request-Objekt in
der Kette zurück. Bei der Benutzung in einem Fehler-(Error-)
Handler ist dies der Request, der den Fehler ausgelöst hat.

Die Apache::SubRequest-Klasse

Bei der Apache::SubRequest-Klasse handelt es sich um eine Unterklasse von Apache. Die Methoden von Apache werden vererbt.

$subr = *$r*->lookup_file(*$dateiname*)

Holt ein durch einen Dateinamen definiertes Subrequest-Objekt.

$subr = *$r*->lookup_uri(*$uri*)

Holt ein durch einen URI definiertes Subrequest-Objekt.

$status = *$subr*->run

Ruft den Content-Handler des Subrequests auf und gibt dessen
Statuscode zurück.

Client-Request-Methoden

Dieser Abschnitt behandelt Methoden, mit denen Informationen über den gegenwärtigen Request ausgelesen werden können.

`{$string|@array} = $r->args`

Gibt im skalaren Kontext den Inhalt des Query-Strings zurück. Im Arraykontext wird eine Liste der einzelnen Schlüssel/Wert-Paare zurückgegeben. Beachten Sie: Wird diese Liste einem Hash zugewiesen, wird bei Listen mit mehreren Werten für einen Schlüssel (z.B. bei Mehrfachauswahl-Listen) alles bis auf den letzten übergebenen Wert verworfen.

`$c = $r->connection`

Gibt ein mit `bless()` für die Klasse `Apache::Connection` markiertes Connection-Objekt für den gegenwärtigen Request zurück.

`{$string|@array} = $r->content`

War der Inhaltstyp des Requests `application/x-www-form-urlencoded`, so wird im skalaren Kontext der Request-Body (Inhalt) zurückgegeben. Im Arraykontext wird eine Liste von *Name=Wert*-Paaren zurückgegeben. Wird die Methode mehr als einmal aufgerufen, wird je nach Kontext entweder `undef` oder eine leere Liste zurückgegeben.

`$string = $r->filename([$neuer_wert])`

Gibt das Ergebnis der Umsetzung des URI auf den lokalen Dateipfad zurück. Handler können einen String an die Methode übergeben, um den übersetzten Dateinamen zu setzen.

`$handle = $r->finfo`

Sorgt dafür, daß das Dateihandle, das Perl benutzt, um `stat()`-Operationen zwischenzuspeichern, auf die von Apache für die Datei des Requests ermittelten `stat()`-Informationen verweist.

`$string = $r->get_remote_host([$lookup_typ])`

Ermittelt den DNS-Hostnamen des Clients (»Lookup«). Das Export-Tag `:remotehost` des `Apache::Constants`-Moduls stellt hierbei die folgenden symbolischen Namen für die Art des Lookups bereit:

REMOTE_NAME

Gibt, sofern möglich, den DNS-Namen, ansonsten die IP-Adresse zurück. Dies ist die standardmäßig verwendete Lookup-Methode.

REMOTE_HOST

> Versucht, den DNS-Namen zu ermitteln und zurückzugeben. Ist für die Direktive HostNameLookups der Wert OFF eingestellt oder schlägt der Lookup fehl, wird undef zurückgegeben.

REMOTE_NOLOOKUP

> Gibt den DNS-Namen zurück, sofern dieser bereits ermittelt und zwischengespeichert wurde, ansonsten die IP-Adresse.

REMOTE_DOUBLE_REV

> Löst einen Double-Reverse-Lookup aus (d.h. ermittelt den Hostnamen und testet dann, ob der Hostname sich seinerseits wieder auf die IP-Adresse des entfernten Rechnernamens abbilden läßt). Zurückgegeben wird je nach Erfolg der DNS-Name oder undef.

$string = *$r*->get_remote_logname

> Ermittelt die Identität des Clients auf dem entfernten System und gibt diese Information zurück. Konnte die Information nicht ermittelt werden (etwa wenn auf dem entfernten System kein *ident*-Server läuft oder die Direktive IdentityCheck nicht auf den Wert ON eingestellt ist), wird undef zurückgegeben. Beachten Sie, daß die Identitätsüberprüfung zu Verzögerungen führen kann. Außerdem sind diese Informationen nur selten verfügbar oder unzuverlässig und werden daher besser nicht verwendet (außer vielleicht in einem Intranet).

{*$href*|*@array*} = *$r*->headers_in

> Gibt im Arraykontext die Request-Header des Clients als Liste aus Schlüssel/Wert-Paaren zurück und im skalaren Kontext ein Apache::Table-Objekt.

$string = *$r*->header_in(*$header*[, *$neuer_wert*])

> Ermittelt bzw. setzt den Wert des angegebenen Client-Request-Headers. Wird als Wert undef angegeben, wird der Header entfernt.

$bool = *$r*->header_only

> Gibt wahr zurück, sofern der Client einen HEAD-Request verwendet hat.

$string = *$r*->method([*$neuer_wert*])

> Ermittelt bzw. setzt die Request-Methode als String, z.B. "GET".

`$num = $r->method_number([$neuer_wert])`

Ermittelt bzw. setzt die Nummer der verwendeten Request-Methode. Das von der Klasse `Apache::Constants` bereitgestellte Export-Tag `:methods` stellt symbolische Namen für diese Methoden zur Verfügung.

`$u = $r->parsed_uri`

Gibt eine Referenz auf ein `Apache::URI`-Objekt zurück. Dieses Objekt stellt Methoden zum Ermitteln und Setzen von Teilen des URI zur Verfügung.

`$string = $r->path_info([$neuer_wert])`

Ermittelt oder setzt die im URI enthaltenen zusätzlichen Pfadinformationen (der Teil, der übrigbleibt, nachdem der URI auf das lokale Dateisystem abgebildet wurde).

`$string = $r->protocol`

Gibt einen String zurück, der das verwendete Protokoll identifiziert, z.B. `"HTTP/1.1"`.

`$bool = $r->proxyreq([$neuer_wert])`

Ermittelt oder setzt einen Booleschen Wert, der angibt, ob beim gegenwärtigen Request Apache nur als Proxy fungiert (dann wäre der Request von mod_proxy auszuführen und an einen fremden Server weiterzuleiten).

`$r->read($puffer, $zu_lesende_bytes)`

Liest die von einem Client per `POST` oder `PUT` übertragenen Daten aus. Vor dem Lesevorgang wird ein interner Timeout eingestellt.

`$s = $r->server`

Gibt eine Referenz auf ein `Apache::Server`-Objekt zurück, mit dem sich Informationen über die Serverkonfiguration ermitteln lassen.

`$string = $r->the_request`

Gibt die vom Client gesendete Request-Zeile unverändert zurück.

`$string = $r->uri([$neuer_wert])`

Ermittelt oder setzt den vom Client angeforderten URI.

Server-Response-Methoden

In diesem Abschnitt werden Methoden behandelt, mit denen sich die vom Server verschickten Response-Header erzeugen und abfragen lassen. Beachten Sie, daß die Response-Header Content-Type, Content-Encoding und Content-Language Auswirkungen auf die Art der Request-Bearbeitung haben. Diese Header sollten daher eher mit der entsprechenden Methode gesetzt werden statt mit der allgemeineren Methode header_out, ansonsten kann es sein, daß Apache die Änderungen nicht erkennt.

$anzahl = *$r*->bytes_sent
> Die Anzahl der Bytes, die bereits an den Client geschickt wurden (nur sinnvoll, nachdem die send_http_header()-Methode aufgerufen wurde).

$string = *$r*->cgi_header_out(*$header*[, *$neuer_wert*])
> Ermittelt den benannten HTTP-Response-Header und setzt ihn auf den angegebenen Wert. Hat der Header eine besondere Bedeutung, werden die entsprechenden API-Funktionen aufgerufen.

$string = *$r*->content_encoding([*$neuer_wert*])
> Ermittelt oder setzt die Codierung des Dokuments.

$array_ref = *$r*->content_languages([*$neue_array_ref*])
> Ermittelt oder setzt die für den Inhalt verwendete Sprache. Die Sprachen werden durch ein Array von Identifiern angegeben. Diese bestehen aus jeweils zwei Buchstaben.

$string = *$r*->content_type([*$neuer_wert*])
> Ermittelt oder setzt den Inhaltstyp des Dokuments.

$string = *$r*->custom_response(*$code*[, *$response*])
> Ermittelt oder setzt die speziell für einen bestimmten Statuscode angegebene Response. Diese sollte entweder aus einem String bestehen, der die Nachricht enthält, die zurückgegeben werden soll, oder aus einem URI, der geöffnet wird, wenn ein bestimmter Fehler-Status gefunden wird. Der URI kann entweder auf ein Dokument auf einem entfernten Server, ein Skript oder auf ein statisches Dokument verweisen. Mit dieser Methode kann auf Apaches ErrorDocument-Mechanismus zugegriffen werden.

{*$href*|*@array*} = *$r*->err_headers_out
> Gibt im skalaren Kontext eine Referenz auf die Tabelle der Fehler-Header zurück, die an die Klasse Apache::Table gebun-

den ist. Im Arraykontext wird eine Liste aus Schlüssel/Wert-Paaren zurückgegeben, die den Fehler-Response-Headern entsprechen.

$string = *$r*->err_header_out(*$header*[, *$neuer_wert*])

Ermittelt oder setzt ein einzelnes Feld in der Tabelle der Fehler-Header.

$string = *$r*->handler([*$neuer_wert*])

Ermittelt oder setzt den Namen des Handlers, der für die Inhaltsgenerierung zuständig ist (gesetzt durch die Apache-Direktiven AddHandler oder SetHandler).

{*$href*|*@array*} = *$r*->headers_out

Gibt im skalaren Kontext eine Referenz auf die Tabelle der Server-Antwort-Header zurück, die an die Klasse Apache::Table gebunden ist. Im Listenkontext wird eine Liste aus Schlüssel/Wert-Paaren zurückgegeben, die den Response-Headern entsprechen.

$string = *$r*->header_out(*$header*[, *$neuer_wert*])

Ermittelt oder setzt ein einzelnes Feld in der Tabelle der Response-Header.

$bool = *$r*->no_cache([*$neuer_wert*])

Ermittelt oder setzt einen Booleschen Wert. Ist dies ein wahrer Wert, erzeugt Apache spezielle Header, die dem Client mitteilen, daß die angeforderte Ressource nicht zwischengespeichert werden soll (etwa einen Expires-Header mit einer Zeitangabe, die der Zeit des ursprünglichen Requests entspricht, einen Pragma: no-cache-Header und einen Cache-control: no-cache-Header).

$num = *$r*->request_time

Gibt den Zeitpunkt zurück, zu dem der Request gestartet wurde (im Unix-Zeitformat).

$num = *$r*->status([*$neuer_wert*])

Ermittelt oder setzt den Statuscode für die Serveranwort. Das Modul Apache::Constants stellt für alle Standard-Statuscodes entsprechende symbolische Namen zur Verfügung.

$string = *$r*->status_line([*$neuer_wert*])

Ermittelt oder setzt die an den Client gesendete Statuszeile. Diese sollte den numerischen HTTP-Statuscode sowie einen von Menschen lesbaren String enthalten.

Daten an den Client senden

In diesem Abschnitt finden Sie Methoden, um Header und den Dokument-Body an den Client zu schicken. Diese Methoden können nur während der Phase der Inhaltsgenerierung verwendet werden. Das Dateihandle STDOUT ist an die Apache-Klasse gebunden, wodurch Perls interne print()- und printf()-Funktionen durch die von dieser Klasse bereitgestellten Methoden ersetzt werden.

$r->print(*@liste*)

Schickt die Werte der Argumente an den Client. Ist der Wert der Variablen $| wahr, wird der Ausgabepuffer nach jedem print(f)-Aufruf geleert. Sind in den Argumenten Referenzen auf skalare Werte enthalten, werden diese dereferenziert und die dazugehörigen Werte ausgegeben.

$r*->printf(*$format, *@argumente*)

Übergibt einen formatierten String an den Client.

$r->rflush

Weist Apache an, den Ausgabepuffer zu leeren.

$r*->send_cgi_header(*$string)

Teilt den String in einzelne Header-Zeilen auf, die an die cgi_header_out()-Methode übergeben werden, gefolgt von einem Aufruf von send_http_header(). Der String sollte einen Header pro Zeile enthalten und mit einer leeren Zeile beendet werden.

$len = *$r*->send_fd(*$dateihandle*)

Sendet den Inhalt der Datei, die mit dem angegebenen Dateihandle verbunden ist, an den Client.

$r*->send_http_header([*$content_type])

Formatiert die auszugebenden Header nach den HTTP-Spezifikationen und schickt sie an den Client. Wurde ein Inhaltstyp angegeben, werden frühere Einstellungen überschrieben.

Basisfunktionen des Servers

Der Abschnitt beschreibt Methoden, die nicht direkt mit I/O (Ein-/Ausgabe) zu tun haben.

`$r->chdir_file([$dateiname])`

Ändert das gegenwärtige Verzeichnis in das Verzeichnis, das die angegebene Datei enthält beziehungsweise `$r->filename`, sofern keine Datei angegeben wurde.

`$r->child_terminate`

Weist den Server-Kindprozeß an, sich selbst geordnet zu beenden, nachdem der gegenwärtige Request abgearbeitet wurde (funktioniert nicht auf Win32-Systemen).

`$r->hard_timeout($nachricht)`

Löst einen »harten« Timeout aus. Ist die Zeit überschritten, geht Apache direkt zur Logging-Phase über. Beachten Sie, daß diese Methode nicht mehr verwendet werden sollte, da der Perl-Interpreter keine Chance hat, die nötigen Aufräumarbeiten durchzuführen, und in einem etwas verwirrten Zustand zurückbleibt.

`$r->internal_redirect($neuer_ort)`

Beendet die Bearbeitung des gegenwärtigen Requests und startet einen Subrequest, um statt dessen einen anderen lokalen URI zurückzugeben. Diese Methode darf nur in einem Content-Handler benutzt werden. Sie gibt kein Ergebnis aus, daher sollte der Handler `OK` zurückgeben.

`$r->internal_redirect_handler($neuer_ort)`

Führt die gleiche Aktion aus wie die `internal_redirect()`-Methode, allerdings wird der Content-Handler des gegenwärtigen Requests verwendet.

`$r->kill_timeout`

Hebt einen vorher ausgelösten Timeout wieder auf.

`$string = $r->location`

Wurde der gegenwärtige Handler von einem `<Location>`-Abschnitt aus aufgerufen, wird der dazugehörige Pfad ausgegeben (z.B. `<Location /perl >`).

`{$string|$href} = $r->notes([$schluessel[, $neuer_wert]])`

Ermittelt oder setzt einen Eintrag in der `notes`-Tabelle, die für die Kommunikation zwischen den Modulen benutzt wird.

Ohne Argumente aufgerufen, wird eine Referenz auf die Tabelle zurückgegeben. Sofern angegeben, müssen Schlüssel und Wert aus einfachen Strings bestehen.

`{$string|$href}` = `$r`->pnotes(`[$schluessel[, $neuer_wert]]`)

Ermittelt oder setzt einen Eintrag im pnotes-Hash von *mod_perl*. Dieser Hash wird für die Kommunikation zwischen Perl-Modulen benutzt und existiert nur für die Dauer des Requests. Wird diese Methode ohne Argumente aufgerufen, wird eine Referenz auf die Tabelle zurückgegeben. Im Gegensatz zur notes()-Methode kann hier eine Referenz als `$neuer_wert` angegeben werden.

`$r`->register_cleanup(`$code_ref`)

Registriert eine Subroutine, die nach der Logging-Phase des Requests aufgerufen wird.

`$r`->reset_timeout

Setzt den Timeout-Zähler wieder auf null zurück.

`$r`->soft_timeout(`$nachricht`)

Steht für einen »weichen« Timeout. Findet der Timeout statt, wird die Kontrolle an den Handler zurückgegeben, aber alle weiteren Lese- und Schreibvorgänge werden nicht mehr tatsächlich ausgeführt, und die Apache::Connection-Methode aborted() gibt wahr zurück.

`{$string|$href}` = `$r`->subprocess_env(`[$schluessel`
`[, $neuer_wert]]`)

Ermittelt oder setzt einen Eintrag in Apaches Umgebungstabelle. Im skalaren Kontext und ohne Argumente aufgerufen, wird eine Referenz auf die Tabelle zurückgegeben, die an die Klasse Apache::Table gebunden ist. Im void-Kontext und ohne Argumente aufgerufen, wird die Tabelle neu initialisiert. Hierbei werden die Standardvariablen verwendet, die normalerweise vor dem Aufruf von CGI-Skripten hinzugefügt werden.

Methoden zur Serverkonfiguration

In diesem Abschnitt finden Sie Methoden, mit denen Sie auf die Einstellungen der Serverkonfiguration zugreifen können.

$bool = *$r*->define(*$name*)

Gibt wahr zurück, wenn das benannte Symbol auf Apaches Kommandozeile mit dem -D-Switch aufgerufen wurde.

$string = *$r*->dir_config([*$schluessel*])

Gibt den Wert einer Variable zurück, wenn diese mittels einer PerlSetVar- oder PerlAddVar-Direktive angegeben wurde. Wird sie im skalaren Kontext ohne Argumente aufgerufen, wird eine an die Apache::Table-Klasse gebundene Hashreferenz zurückgegeben.

$string = *$r*->document_root

Gibt den Namen des Wurzelverzeichnisses zurück, wie er mit der DocumentRoot-Direktive eingestellt wurde.

$string = *$r*->get_server_name

Gibt den Namen des Servers zurück, der den Request bearbeitet. Dies entspricht dem Wert der ServerName-Direktive, sofern UseCanonicalName den Wert ON hat, ansonsten wird, sofern vorhanden, der Wert des Host-Headers des Requests zurückgegeben.

$num = *$r*->get_server_port

Gibt die Portnummer des Servers aus. Wenn UseCanonicalName den Wert OFF hat und vom Client ein Host-Header geschickt wurde, so ist dies der Port, auf dem die Verbindung tatsächlich angenommen wurde, ansonsten steht hier der Wert der Port-Direktive. Wurde keine Port-Direktive angegeben, ist dies Port 80 (der Standard-Port).

$string = *$r*->server_root_relative([*$path*])

Löst einen relativen Pfadnamen basierend auf der ServerRoot-Direktive in einen absoluten Pfadnamen auf. Wird diese Methode ohne Argumente aufgerufen, wird der Name des Wurzelverzeichnisses des Webservers zurückgegeben.

Methoden zur Zugriffskontrolle

Dieser Abschnitt behandelt Methoden für Zugriffskontrolle, Authentifizierung und Autorisierung.

`$optionen = $r->allow_options`

> Gibt eine Bitmap der im gegenwärtigen Kontext erlaubten Optionen zurück. Durch die Benutzung des `:options`-Tags aus der `Apache::Constants`-Klasse werden zusammen mit den exportierten Subroutinen symbolische Konstanten bereitgestellt.

`$string = $r->auth_name([$neuer_wert])`

> Ermittelt oder setzt den gegenwärtigen Wert des Bereichs (Realm), für den die Authentifizierung gilt. Dieser Wert wird mit der `AuthName`-Direktive gesetzt.

`$string = $r->auth_type`

> Gibt die verwendete Authentifizierungsmethode zurück (gesetzt mit der `AuthType`-Direktive).

`($rc, $passwort) = $r->get_basic_auth_pw`

> Gibt eine aus zwei Elementen bestehende Liste zurück. Das erste Element enthält den Authentifizierungsstatus, das zweite ist das vom Client übermittelte Paßwort im Klartext. Sofern der gegenwärtige Request durch einfache (»basic«) Authentifizierung geschützt ist und die Authentifizierung erfolgreich war, enthält das erste Element den Wert `OK`, ansonsten kann hier der Wert `DECLINED`, `AUTH_REQUIRED` oder `SERVER_ERROR` stehen.

`$r->note_basic_auth_failure`

> Weist *mod_perl* bei durch einfache Authentifizierung geschützten URIs darauf hin, daß keine gültige Benutzername/Paßwort-Kombination vom Client übergeben wurde. In diesem Fall setzt *mod_perl* entsprechende HTTP-Header, die dafür sorgen, daß der Benutzer aufgefordert wird, einen korrekten Benutzernamen bzw. ein korrektes Paßwort anzugeben.

`$array_ref = $r->requires`

> Gibt eine Referenz auf ein Array aus Hashreferenzen zurück. Jeder Hash enthält zwei Elemente: Das Element mit dem Schlüssel `requirement` ist das Argument der `Require`-Direktive. Das Element mit dem Schlüssel `method_mask` enthält eine Bitmaske, mit der angegeben wird, auf welche HTTP-Methoden

die Anforderungen (Requirements) anzuwenden sind. Bei Verwendung des Export-Tags `:methods` (`Apache::Constants`) stehen für die Bitwerte symbolische Namen zur Verfügung.

$flag = *$r*->satisfies

Gibt entweder SATISFY_ALL, SATISFY_ANY oder SATISFY_NOSPEC zurück, je nachdem, wie die Satisfy-Direktive gesetzt wurde. Diese symbolischen Konstanten werden durch das `:satisfy`-Export-Tag (`Apache::Constants`) definiert.

$bool = *$r*->some_auth_required

Gibt wahr zurück, wenn für den gegenwärtigen Request eine Form der Authentifizierung oder Autorisierung notwendig ist.

Logging und die Apache::Log-Klasse

Dieser Abschnitt beschreibt Methoden zum Protokollieren (Logging) von Fehlermeldungen. Die erste Liste von Methoden repräsentiert die API zur Fehlerbehandlung für Apache-Versionen mit geringeren Versionsnummern als 1.3.

$string = *$r*->as_string

Formatiert den gegenwärtigen Request und die Serverantwort als mehrzeiligen String. Meistens für Debugging-Zwecke benutzt.

$r*->log_error(*$nachricht)

Protokolliert *$nachricht*, wobei ein Timestamp vorangestellt wird.

$r*->log_reason(*$nachricht[, *$datei*])

Protokolliert *$nachricht* und erzeugt zusätzliche Informationen über den Request-URI und den Host, von dem der Request ausging. Wurde *$datei* angegeben, so wird dieser Wert statt des URI verwendet.

$r*->warn(*$nachricht)

Protokolliert *$nachricht*, sofern das Logging-Level (eingestellt mit der LogLevel-Direktive) kleiner oder gleich Warn ist.

Seit Apache 1.3 gibt es acht Log-Level; die Klasse `Apache::Log` stellt Methoden zur Verfügung, um auf jedem Logging-Level eine Nachricht zu protokollieren. Die Nachricht wird nur dann in das Error-Log geschrieben, wenn das Level, das den Ernstheitsgrad für eine bestimmte Methode anzeigt, höher oder gleich dem mit der Direktive `LogLevel` gesetzten Wert ist. Jeder Methode werden ein oder mehrere Strings bzw. eine Referenz auf eine Subroutine übergeben, die den oder die Strings zurückgibt, die protokolliert werden sollen. Die per Referenz übergebene Subroutine wird nur dann ausgeführt, wenn die Logging-Methode angibt, daß die Nachricht protokolliert werden soll. Dadurch wird verhindert, daß Code ausgeführt wird, um Nachrichten zu erzeugen, die nachher gar nicht gebraucht werden.

Die Klasse `Apache::Log` definiert die folgenden Konstanten, sofern *mod_perl* mit Perl 5.6 oder neuer kompiliert wurde. Diese werden jedoch nicht standardmäßig exportiert: `EMERG`, `ALERT`, `CRIT`, `ERR`, `WARNING`, `NOTICE`, `INFO` und `DEBUG`.

$log = *$r*->log

> Gibt ein mit `bless()` als der Klasse `Apache::Log` zugehörig markiertes Objekt zurück. Alle Nachrichten, die von einem Logging-Objekt aufgerufen werden, das von einem Request-Objekt stammt, enthalten die IP-Adresse des Clients. Außerdem wird die Nachricht unter dem Schlüssel `error-notes` in der notes-Tabelle für den Request abgelegt. .

$log = *$s*->log

> Gibt ein mit `bless()` als der Klasse `Apache::Log` zugehörig markiertes Objekt zurück. Bei Nachrichten, die von einem Logging-Objekt aufgerufen werden, das von einem Server-Objekt stammt, wird die IP-Adresse des Clients nicht mit übergeben.

$log*->emerg({*$string...|*$code_ref*})

> Schreibt eine Nachricht im »Emergency«-Level in das Error-Log. Dieses Level zeigt normalerweise einen instabilen Zustand des Servers an.

$log*->alert({*$string...|*$code_ref*})

> Schreibt eine Nachricht im »Alert«-Level in das Error-Log. Dieses Level zeigt an, daß der Webserver sofortige Aufmerksamkeit benötigt.

$log*->crit({*$string...|*$code_ref*})

> Protokolliert eine »kritische« Fehlermeldung. Damit wird ein ernsthafter Fehler angezeigt.

$log*->error({*$string...|*$code_ref*})

> Schreibt eine nicht-kritische Fehlermeldung in das Error-Log.

`$log->warn({$string...|$code_ref})`

Protokolliert eine Warnung, die eventuell Aufmerksamkeit benötigt.

`$log->notice({$string...|$code_ref})`

Protokolliert eine Meldung zu einem normalen, aber signifikanten Zustand.

`$log->info({$string...|$code_ref})`

Protokolliert eine informative Nachricht.

`$log->debug({$string...|$code_ref})`

Protokolliert eine Debugging-Meldung, die den Dateinamen und die Zeile der aufrufenden Routine enthält.

mod_perl-spezifische Methoden

Die Methoden in diesem Abschnitt haben keine Entsprechung in der C-API.

`$string = $r->current_callback`

Gibt den Namen des gegenwärtigen Handlers zurück (z.B. `PerlAuthzHandler`, `PerlLogHandler` usw.).

`Apache->exit([$code])`

Ruft die `croak()`-Funktion von Perl auf, um die Ausführung des Skripts anzuhalten. Wird ein Argument mit dem Wert `DONE` übergeben, wird der Kindprozeß angehalten, sobald der gegenwärtige Request abgearbeitet ist.

`$dateihandle = Apache->gensym`

Erzeugt einen anonymen *Glob*, der als sicheres Dateihandle verwendet werden kann, um Konflikte zwischen den verschiedenen Namensräumen zu verhindern.

`$array_ref = $r->get_handlers($phase)`

Gibt eine Referenz auf die Liste der Subroutinen zurück, die zur Bearbeitung der angegebenen Request-Phase registriert sind.

`Apache->httpd_conf($string)`

Wertet Apache-Konfigurationsdirektiven aus, die im übergebenen mehrzeiligen String enthalten sind. Diese Methode kann nur beim Serverstart verwendet werden.

`$bool = $r->module($modul_name)`

Gibt wahr zurück, sofern das angegebene Apache- oder Perl-Modul bereits geladen ist. (Endet der Dateiname auf *.c*, wird `$modul_name` benutzt, um ein Apache-Modul zu bezeichnen, ansonsten wird von einem Perl-Modul ausgegangen.)

`$bool = mod_perl::hook($name)`

Entfernt ein vorangestelltes `Perl` bzw. ein nachgestelltes `Handler` aus dem Wert eines Arguments und ruft dann die `Apache::perl_hook()`-Methode mit dem modifizierten Wert auf.

`$bool = Apache::perl_hook($name)`

Gibt wahr zurück, wenn die angegebene Callback-Routine aktiviert ist (entweder als `Access`, `Authen`, `Authz`, `ChildInit`, `Cleanup`, `Fixup`, `HeaderParser`, `Init`, `Log`, `Trans` oder `Type`).

`$r->post_connection($code_ref)`

Alias für die `register_cleanup()`-Methode.

`$r->push_handlers($phase => $code_ref)`

Fügt dem Handler-Stack die durch `$code_ref` bezeichnete Handler-Routine für die angegebene Request-Phase hinzu.

`$r = Apache->request([$r])`

Gibt eine Referenz auf das gegenwärtige Request-Objekt zurück.

`$r->set_handlers($phase => $aref)`

Setzt den Handler-Stack für die angegebene Request-Phase. Diese wird durch eine Referenz auf eine Liste von Subroutinen bezeichnet. Wird der Wert `undef` angegeben, werden alle Handler für die Phase entfernt.

Die Klasse Apache::Server

Die Klasse `Apache::Server` stellt Methoden zum Zugriff auf die Serverkonfiguration bereit.

`$s = $r->server`

Gibt eine Referenz auf das Serverobjekt zurück.

`$s = Apache->server`

Gibt eine Referenz auf das Serverobjekt zurück.

$num = *$s*->gid

> Gibt die numerische Gruppen-ID zurück, unter der der Server Requests beantwortet. Dies ist der Wert der Group-Direktive von Apache.

$bool = *$s*->is_virtual

> Gibt wahr zurück, wenn es sich um einen virtuellen Server handelt.

$log = *$s*->log

> Gibt eine Referenz auf ein Apache::Log-Objekt zurück.

$s*->log_error(*$nachricht)

> Protokolliert eine Fehlermeldung. Diese Methode steht in Phasen zur Verfügung, in denen kein Request-Objekt existiert, wie z.B. beim Start des Servers.

$level = *$s*->loglevel

> Gibt das gegenwärtige Log-Level zurück, wie es mit der Log-Level-Direktive angegeben wurde. Diese Methode wird durch das Modul Apache::Log zur Verfügung gestellt. Damit sie erkannt wird, muß dieses Modul explizit geladen werden.

$array_ref = *$s* >names

> Gibt eine Referenz auf eine Liste der Rechnernamen zurück, unter denen der gegenwärtige virtuelle Host bekannt ist (angegeben durch die ServerAlias-Direktiven).

$s = *$s*->next

> Gibt den nächsten Server in der Liste der virtuellen Hosts zurück.

$num = *$s*->port

> Gibt die Portnummer aus, unter der der Server auf Anfragen wartet.

$string = *$s*->server_admin

> Gibt die mit der ServerAdmin-Direktive eingestellte E-Mail-Adresse zurück.

$string = *$s*->server_hostname

> Gibt den vom Server benutzten Rechnernamen zurück.

$num = *$s*->timeout([*$neuer_wert*])

> Ermittelt oder setzt den Wert für den Timeout (gesetzt mit der Timeout-Direktive).

$num = $s->uid

Gibt die numerische Benutzer-ID zurück, unter der der Server Requests beantwortet. Dies ist der Wert der User-Direktive.

$s->warn($nachricht)

Alias für Apache::warn(). Diese Methode steht in Phasen zur Verfügung, in denen kein Request-Objekt existiert, z.B. beim Start des Servers.

Die Klasse Apache::Connection

Die Klasse Apache::Connection stellt Methoden zum Zugriff auf Informationen über die gegenwärtige Verbindung bereit.

$c = $r->connection

Gibt ein Connection-Objekt zurück.

$bool = $c->aborted

Gibt wahr zurück, wenn die Verbindung vom Client unterbrochen wurde.

$string = $c->auth_type

Sofern es eine Authentifizierungsmethode gibt, mit der $c->user erfolgreich authentifiziert wurde, wird der Name dieser Methode zurückgegeben.

$num = $c->fileno([$direction])

Gibt den Ausgabe-Dateideskriptor der Verbindung zurück. Wurde $direction explizit mit 0 angegeben, wird statt dessen der Eingabe-Deskriptor zurückgegeben.

$adresse = $c->local_addr

Gibt eine gepackte SOCKADDR_IN-Adresse zurück. Diese enthält den Port und die Adresse auf dem lokalen Rechner, mit dem der entfernte Rechner verbunden ist.

$adresse = $c->remote_addr([$addr])

Ermittelt oder setzt den Port und die Adresse am entfernten Ende der Verbindung als gepackte SOCKADDR_IN-Struktur.

$string = $c->remote_host

Gibt den Namen des entfernten Rechners zurück, sofern die Direktive HostNameLookups den Wert ON hat und der DNS-Lookup erfolgreich war; ansonsten wird undef zurückgegeben.

$string = *$c*->remote_ip([*$ip*])

    Ermittelt oder setzt die IP-Adresse des entfernten Clients in Dezimalschreibweise mit Punkten.

$string = *$c*->remote_logname

    Gibt den Login-Namen des entfernten Benutzers zurück, sofern die Direktive IdentityCheck den Wert ON hat und die angeforderte Information vom entfernten System ermittelt werden kann; ansonsten wird undef zurückgegeben.

$string = *$c*->user([*$benutzername*])

    Ermittelt oder setzt den authentifizierten Benutzernamen, sofern eine Authentifizierungsprüfung erfolgreich war. *mod_perl* 1.25 fügt der Apache-Klasse die Methode user() hinzu. Dadurch gilt die von der Apache::Connection-Klasse bereitgestellte Methode als veraltet. Dies soll die Migration nach Apache 2.0 vereinfachen.

Die Klasse Apache::Table

Die Klasse Apache::Table stellt eine an die Tabellen-Datenstrukturen von Apache gebundene Schnittstelle zur Verfügung.

$table_objekt = Apache::Table->new(*$r*[, *$groesse*])

    Erzeugt ein neues Tabellenobjekt.

$table*->add(*$schluessel, *$string_oder_array_ref*)

    Fügt der Tabelle ein neues Schlüssel/Wert-Paar hinzu. Der Wert kann entweder ein String oder eine Arrayreferenz sein.

$table->clear

    Leert die Tabelle.

$table*->do(*$code_ref)

    Iteriert über die Tabelle, wobei die als Codereferenz übergebene Subroutine für jedes Schlüssel/Wert-Paar in Folge aufgerufen wird. Gibt die Subroutine falsch zurück, wird die Schleife beendet.

{*$string*|*@array*} = *$table*->get(*$schluessel*)

    Gibt im skalaren Kontext den ersten Wert eines Schlüssels zurück. Im Arraykontext werden alle Elemente eines Schlüssels mit mehreren Werten zurückgegeben.

$table*->merge(*$schluessel, *$string_oder_array_ref*)

> Fügt mehrere Werte eines Schlüssels zu einem einzigen durch Kommata getrennten Wert zusammen.

$table*->set(*$schluessel, *$string*)

> Setzt den Wert eines Schlüssel/Wert-Paares, wobei alle früheren Werte für diesen Schlüssel verworfen werden.

$table*->unset(*$schluessel)

> Entfernt einen Schlüssel und alle damit verbundenen Werte.

Die Klasse Apache::URI

Die Klasse Apache::URI stellt Methoden zum Parsen und Erzeugen von URIs bereit.

$uri = Apache::URI->parse(*$r*[, *$string_uri*])

> Trennt den URI in seine Komponenten auf und gibt eine Referenz auf ein Apache::URI-Objekt zurück. Für das Ermitteln und Setzen der Komponenten gibt es die folgenden Methoden:

$string = *$uri*->fragment([*$string*])

> Ermittelt oder setzt den Fragment-Identifier.

$string = *$uri*->hostinfo([*$string*])

> Ermittelt oder setzt die Informationen über den Remote-Host. Das Standardformat für FTP- und HTTP-URIs ist *benutzername*: *passwort*@*hostname*:*port*.

$string = *$uri*->hostname([*$string*])

> Ermittelt oder setzt den Remote-Host (Rechnernamen).

$string = *$uri*->password([*$string*])

> Ermittelt oder setzt das Paßwort.

$string = *$uri*->path([*$string*])

> Ermittelt oder setzt den Pfad.

$string = *$uri*->path_info([*$string*])

> Ermittelt oder setzt die zusätzlichen Pfadinformationen.

$string = *$uri*->port([*$string*])

> Ermittelt oder setzt den Port.

$string = *$uri*->query([*$string*])

> Ermittelt oder setzt den Query-String.

$string = *$uri*->rpath([*$string*])

> Ermittelt oder setzt den *echten Pfad* (der Teil des Pfads bis zu den zusätzlichen Pfadinformationen).

$string = *$uri*->scheme([*$string*])

> Ermittelt oder setzt das verwendete Schema (Protokoll).

$string = *$uri*->user([*$string*])

> Ermittelt oder setzt den Benutzernamen.

$string = *$uri*->unparse

> Gibt den URI als String zurück (ohne zusätzliche Pfadinformationen). Relative URIs werden in absolute URIs umgewandelt.

Die Klasse Apache::Util

Die Klasse Apache::Util stellt eine Schnittstelle zu einigen in C geschriebenen Hilfsfunktionen bereit.

$string = Apache::Util::escape_html(*$html*)

> Ersetzt alle unsicheren HTML-Zeichen (z.B. <, >, & und ") durch ihre Entities. Dies soll helfen, »Cross-site Scripting«-Angriffe zu verhindern.

$string = Apache::Util::escape_uri(*$uri*)

> Ersetzt alle unsicheren Zeichen durch ihre URI-codierten Entsprechungen.

$string = Apache::Util::ht_time(*$zeit*[, *$format*[, *$GMT*]])

> Formatiert eine Zeitangabe als String. Hierbei kann entweder das strftime()-Format oder das Standardformat in der Form "%d %b %Y %H:%M:%S %Z" benutzt werden (%Z ist eine Apache-Erweiterung, die zu GMT aufgelöst wird). Einfache Zeichen werden »wörtlich« übernommen. Umwandlungszeichen wird ein Prozentzeichen (%) vorangestellt; die Umwandlung wird folgendermaßen vorgenommen:

Umwandlungs-zeichen	Beschreibung
%a	Abgekürzter Name für den Wochentag (engl.)
%A	Vollständiger Name für den Wochentag (engl.)

Umwandlungs-zeichen	Beschreibung
%b	Abgekürzter Name für den Monat (abhängig von den locale-Einstellungen)
%B	Vollständiger Name für den Monat (abhängig von den locale-Einstellungen)
%c	Bevorzugtes Format für Datum und Uhrzeit für die gegenwärtigen locale-Einstellungen
%d	Zweistellige Angabe für den Tag des Monats (01–31)
%H	Zweistellige Stundenangabe im 24-Stunden-Format (00–23)
%I	Zweistellige Stundenangabe im 12-Stunden-Format (01–12)
%j	Dreistellige Angabe für den Tag des Jahres (001–366)
%M	Zweistellige Minutenangabe (00–59)
%m	Numerische zweistellige Angabe für den Monat (01–12)
%p	Den gegenwärtigen locale-Einstellungen entsprechende Angabe für A.M. oder P.M. (bei Stundenangaben im 12-Stunden-Format)
%S	Zweistellige Angabe für die Sekunden (00–61, damit Schaltsekunden auch berücksichtigt werden können)
%U	Zweistellige Wochennummer (00–53, wobei die Woche mit einem Sonntag beginnt und Woche 1 die erste vollständige Woche im Jahr ist)
%W	Zweistellige Wochennummer (00–53, wobei die Woche mit einem Montag beginnt und Woche 1 die erste vollständige Woche im Jahr ist)
%w	Wochentag (0–6, 0 steht für den Sonntag)

Umwandlungs-zeichen	Beschreibung
%X	Bevorzugtes Zeitformat für die gegenwärti-gen locale-Einstellungen (ohne Datum)
%x	Bevorzugtes Datumsformat für die gegen-wärtigen locale-Einstellungen (ohne Zeit-angabe)
%Y	Jahresangabe als vierstellige Zahl (inklusive Jahrhundertangabe)
%y	Jahr als zweistellige Zahl (ohne Jahrhundertangabe)
%Z	Abkürzung für die Zeitzone

Wird für die Variable $GMT der Wert 0 angegeben, wird die lo-kale Zeitzone verwendet, ansonsten wird die Zeit als GMT an-gegeben.

$sekunden = Apache::Util::parsedate($datums_string)

Wandelt einen Datums-String im HTTP- oder asctime()-Format in die entsprechende Unix-Zeitangabe um.

$string = Apache::Util::size_string($wert)

Gibt einen String zurück, der eine formatierte Angabe über die Größe einer Datei enthält. Je nach Größe wird dieser Wert in Byte, Kilobyte oder Megabyte ausgedrückt.

$string = Apache::Util::unescape_uri($uri)

Gibt einen URI-String zurück, bei dem alle hexadezimal codier-ten Werte (im %XX-Format) decodiert dargestellt werden.

$string = Apache::Util::unescape_uri_info($uri)

Gibt den Query-String zurück, bei dem alle Plus-Zeichen als Leerzeichen und alle hexadezimal codierten Werte (im %XX-For-mat) decodiert dargestellt werden.

$bool = Apache::Util::validate_password($pw_klar, $pw_kodiert)

Überprüft, ob ein im Klartext übergebenes Paßwort dem als zweiten Parameter übergebenen verschlüsselten Paßwort ent-spricht. Gibt bei Übereinstimmung wahr zurück, ansonsten falsch. Das verschlüsselte Paßwort kann via crypt, MD5 oder SHA1 verschlüsselt sein.

Die Klasse Apache::File

Die Klasse `Apache::File` stellt Methoden zum Öffnen und Bearbeiten von Dateien zur Verfügung.

$dateihandle = `Apache::File->new([`*$dateiname*`])`

Erzeugt ein neues Dateihandle. Wird ein Dateiname übergeben, wird dieser an die `open()`-Funktion von Perl weitergereicht. Schlägt die Operation fehl, wird `undef` zurückgegeben.

$dateihandle*`->open(`*$dateiname`)`

Übergibt den Dateinamen an die `open()`-Funktion von Perl und assoziiert die Datei mit dem Dateihandle-Objekt.

$bool = *$fh*`->close`

Schließt die mit dem Dateihandle assoziierte Datei. Verliert das Dateihandle seinen Geltungsbereich, wird die Datei automatisch geschlossen. Dadurch ist es oftmals nicht nötig, `close()` explizit aufzurufen.

`{(`*$dateiname, $dateihandle*`)|`*$dateihandle*`} =`
`Apache::File->tmpfile`

Erzeugt und öffnet eine temporäre Datei mit einem einmaligen Dateinamen, die gelöscht wird, wenn die HTTP-Transaktion abgeschlossen ist. Gibt den Namen der temporären Datei zurück sowie ein zum Lesen offenes Dateihandle (im Listenkontext) oder nur das Dateihandle (im skalaren Kontext).

Die folgenden Methoden werden dem `Apache`-Package hinzugefügt:

$r`->discard_request_body`

Überprüft auf die Existenz eines Body im Request und verwirft diesen, falls vorhanden, damit er bei einer persistenten Verbindung nicht für den folgenden Request gehalten wird. Ist der Request falsch formatiert, wird ein Fehlercode zurückgegeben.

$r`->meets_conditions`

Überprüft die vom Client übergebenen HTTP-Header, die einen an bestimmte Bedingungen gebundenen `GET`-Request implementieren, und stellt fest, ob die Bedingungen erfüllt sind. Gibt die Methode etwas anderes als `OK` zurück, sollte der Handler mit diesem Wert zurückkehren.

`$r`->mtime

> Gibt das letzte Änderungsdatum im Unix-Zeitformat zurück.

`$r`->set_content_length([*$laenge*])

> Setzt den Wert des `Content-Length`-HTTP-Headers. Wird keine Länge angegeben, wird der Wert von `$r`->filename verwendet.

`$r`->set_etag

> Setzt den Wert des `ETag`-HTTP-Response-Headers.

`$r`->set_last_modified([*$mtime*])

> Setzt den Wert des `Last-Modified`-HTTP-Response-Headers. Hierfür wird der Rückgabewert der mtime()-Methode benutzt. Wird ein Wert angegeben, so wird die Methode update_ mtime() aufgerufen, um das Änderungsdatum der Datei zu setzen.

`$r`->update_mtime([*$mtime*])

> Aktualisiert das Änderungsdatum für den gegenwärtigen Request, sofern der angegebene Zeitpunkt später ist als der gegenwärtige Wert. Wird kein Wert angegeben, wird das Änderungsdatum von `$r`->filename verwendet.

Spezialvariablen

Perl besitzt eine Reihe von Spezialvariablen, von denen sich einige unter *mod_perl* anders verhalten als sonst.

`$0` Wird auf den Dateinamen des Skripts gesetzt, sofern es unter `Apache::Registry` oder `Apache::PerlRun` ausgeführt wird. Setzt den Pfad auf die Konfigurationsdatei, sofern der Code innerhalb eines `<Perl>`-Abschnitts ausgeführt wird.

`$^X` Pfad der Apache-Binärdatei.

`$|` Ist der Wert wahr, wird der Ausgabepuffer von Apache nach jeder print()-Anweisung geleert.

`$/` Das Trennzeichen von Perl für Eingabedatensätze. Wird unter *mod_perl* nach jedem Request auf den Standardwert (\n) zurückgesetzt.

`%@` Ein Hash, der Fehlermeldungen und Exception-Werte aus eval-Blöcken ($@) enthält. Als Schlüssel wird jeweils der URI verwendet, der den Fehler hervorgerufen hat.

%ENV

Enthält die gegenwärtigen Umgebungsvariablen. Variablen, die mit den Direktiven PerlSetEnv oder PerlPassEnv definiert wurden, werden zu Beginn der Request-Bearbeitung gesetzt. Normale CGI- oder SSI-Variablen bzw. Variablen, die mit den Direktiven SetEnv oder PassEnv definiert wurden, werden erst direkt vor der Phase der Inhaltsgenerierung gesetzt, sofern PerlSetupEnv nicht den Wert OFF hat. Der vollständige Variablensatz kann zu Beginn der Request-Bearbeitung bereitgestellt werden, indem die Methode setprocess_env() im void-Kontext aufgerufen wird.

$ENV{MOD_PERL}

Wird unter *mod_perl* auf wahr gesetzt.

$ENV{GATEWAY_INTERFACE}

Wird unter *mod_perl* auf CGI-Perl/1.1 gesetzt.

$ENV{PERL_SEND_HEADER}

Wird auf ON gesetzt, sofern PerlSendHeader auf den Wert ON eingestellt ist.

@INC

Der Perl-Suchpfad, bestehend aus einer Liste von Verzeichnissen, in denen nach Skripten und Modulen gesucht wird, die mit do *EXPR*, require und use ausgeführt werden. Dem Standardpfad werden das Wurzelverzeichnis des Webservers und dessen *lib/perl*-Unterverzeichnis angehängt. Nach jedem Request wird das Array wieder in den Zustand versetzt, den es am Ende des Serverstarts hatte.

%INC

Ein Hash mit Einträgen für alle Dateien, die per do, require oder use eingebunden wurden. Als Schlüssel wird der angeforderte Dateiname verwendet, als Wert der Name der gefundenen Datei. Wurde eine Datei einmal als geladen in %INC registriert, versucht Perl nicht, die Datei nochmals zu laden. Die Module Apache::StatINC und Apache::Reload können verwendet werden, um Dateien neu zu laden, die sich geändert haben.

`%SIG`

Hash mit Signal-Handlern. Der Hash wird nach jedem Request in den Zustand zurückversetzt, den er zum Ende des Serverstarts hatte.

`$Apache::Server::AddPerlVersion`

Ist der Wert dieser Variable wahr, wird der Wert von `"Perl/$]"` dem `Server`-HTTP-Header hinzugefügt (die Spezialvariable `$]` enthält die Perl-Versionsnummer).

`$Apache::Server::ConfigTestOnly`

Wird auf wahr gesetzt, sofern der Server im Konfigurationstestmodus läuft (d.h., wenn der Server mit der Kommandozeilen-Option `-t` gestartet wurde).

`$Apache::Server::CWD`

Wird auf das Verzeichnis gesetzt, aus dem der Server gestartet wurde.

`$Apache::Server::Restarting`

Wird im Server-Hauptprozeß auf einen Wert ungleich null gesetzt, wenn der Server neu gestartet wird. Der Wert wird bei jedem Serverstart inkrementiert.

`$Apache::Server::Starting`

Wird beim Serverstart im Hauptprozeß auf `1` gesetzt.

`$Apache::Server::SaveConfig`

Perl-Abschnitte (in den Konfigurationsdateien) werden in den Namensraum `Apache::ReadConfig` kompiliert. Enthält diese Variable einen wahren Wert, wird der Namensraum nach Bearbeitung des Abschnitts nicht gelöscht. Konfigurationsdaten aus dem Abschnitt stehen Perl-Modulen während der Request-Bearbeitung zur Verfügung.

`$Apache::Server::StrictPerlSections`

Ist diese Variable wahr, bricht *mod_perl* ab, falls in einem `<Perl>`-Abschnitt enthaltene Apache-Konfigurationsanweisungen ungültige Syntax enthalten.

Die Klasse Apache::Constants

Die Klasse `Apache::Constants` bietet Zugriff auf alle HTTP-Standard-Statuscodes in Form von Konstanten (intern als Subroutinen definiert). Standardmäßig werden nur die mit dem Export-Tag `:common` definierten Konstanten exportiert. Andere Konstanten-Gruppen können bei Bedarf explizit importiert werden. Beachten Sie: Werden nur die tatsächlich benötigten Konstanten explizit importiert, kann dies den Speicherbedarf erheblich reduzieren.

`:common`

> Die am häufigsten verwendeten Konstanten: `OK`, `DECLINED`, `DONE`, `NOT_FOUND`, `FORBIDDEN`, `AUTH_REQUIRED` und `SERVER_ERROR`.

`:response`

> Enthält die `:common`-Antwortcodes sowie zusätzlich die folgenden: `DOCUMENT_FOLLOWS`, `MOVED`, `REDIRECT`, `USE_LOCAL_COPY`, `BAD_REQUEST`, `BAD_GATEWAY`, `RESPONSE_CODES`, `NOT_IMPLEMENTED`, `CONTINUE` und `NOT_AUTHORITATIVE`.

`:methods`

> Nummer der verwendeten HTTP-Request-Methode: `METHODS`, `M_GET`, `M_PUT`, `M_POST`, `M_DELETE`, `M_CONNECT`, `M_OPTIONS`, `M_TRACE`, `M_PATCH`, `M_PROPFIND`, `M_PROPPATCH`, `M_MKCOL`, `M_COPY`, `M_MOVE`, `M_LOCK`, `M_UNLOCK` und `M_INVALID`.

`:options`

> Konstanten, die mit der Methode `allow_options()` verwendet werden: `OPT_NONE`, `OPT_INDEXES`, `OPT_INCLUDES`, `OPT_SYM_LINKS`, `OPT_EXECCGI`, `OPT_UNSET`, `OPT_INCNOEXEC`, `OPT_SYM_OWNER`, `OPT_MULTI` und `OPT_ALL`.

`:satisfy`

> Konstanten, die mit der Methode `satisfy()` benutzt werden: `SATISFY_ALL`, `SATISFY_ANY` und `SATISFY_UNSPEC`.

`:remotehost`

> Lookup-Verfahren, die mit der Methode `get_remote_host()` benutzt werden: `REMOTE_HOST`, `REMOTE_NAME`, `REMOTE_NOLOOKUP` und `REMOTE_DOUBLE_REV`.

`:http`

> Gebräuchliche HTTP-Antwortcodes: `HTTP_OK`, `HTTP_MOVED_TEMPORARILY`, `HTTP_MOVED_PERMANENTLY`, `HTTP_METHOD_NOT_ALLOWED`,

HTTP_NOT_MODIFIED, HTTP_UNAUTHORIZED, HTTP_FORBIDDEN, HTTP_
NOT_FOUND, HTTP_BAD_REQUEST, HTTP_INTERNAL_SERVER_ERROR, HTTP_
NOT_ACCEPTABLE, HTTP_NO_CONTENT, HTTP_PRECONDITION_FAILED,
HTTP_SERVICE_UNAVAILABLE und HTTP_VARIANT_ALSO_VARIES.

:server

Konstanten, die mit der Apache-Version zu tun haben:
MODULE_MAGIC_NUMBER, SERVER_VERSION und SERVER_BUILT.

:config

Konstanten, die mit Handlern für die Konfigurationsdirektiven
benutzt werden: DECLINE_CMD.

:types

Interne Request-Typen: DIR_MAGIC_TYPE.

:override

Gültige Kontexte für Konfigurationsdirektiven: OR_NONE, OR_
LIMIT, OR_OPTIONS, OR_FILEINFO, OR_AUTHCFG, OR_INDEXES, OR_UN-
SET, OR_ALL, ACCESS_CONF und RSRC_CONF.

:args_how

Konstanten, die Prototypen für Konfigurationsdirektiven definieren: RAW_ARGS, TAKE1, TAKE2, TAKE12, TAKE3, TAKE23, TAKE123,
ITERATE, ITERATE2, FLAG und NO_ARGS.

Es sind noch andere Konstanten definiert, die aber nicht in den Ar-
rays @EXPORT oder @EXPORT_OK zu finden sind. Diese Konstanten
können verwendet werden, indem der voll qualifizierte Subroutinen-Name benutzt wird (oder indem die Namen der Subroutinen
in einer Datei, die beim Serverstart ausgeführt wird, dem Array
@EXPORT_OK hinzugefügt und dann per use() importiert werden, wo
sie gebraucht werden).

Konfigurationsdirektiven für mod_perl

Die Apache-Konfigurationsdirektiven, die spezifisch für *mod_perl*
sind, werden im unten dargestellten Standardformat beschrieben.

NameDerDirektive   GVSF*

```
NameDerDirektive Argument1 Argument2
```
Beschreibender Text.

Die Zeile nach dem Direktiven-Namen beschreibt die Syntax. Bei
Namen von Direktiven wird, wie bei den meisten Argumenten,
nicht zwischen Groß- und Kleinschreibung unterschieden. Eine
Ausnahme bilden Objekte, bei denen zwischen Groß- und Kleinschreibung unterschieden wird, wie etwa Dateinamen. Die Liste
der Kontexte, in denen die Direktive benutzt werden kann, steht
jeweils am Ende der Zeile. Die Liste kann eine oder mehrere der
folgenden Abkürzungen enthalten:

G   In globalem Kontext gültig (d.h. innerhalb der Konfigurations-
    dateien des Servers und außerhalb von `<VirtualHost>`- oder
    `<Directory>`-Abschnitten)

V   Gültig innerhalb eines `<VirtualHost>`-Abschnitts

S   Gültig innerhalb eines Abschnitts des `<Directory>`-Typs
    (`<Directory>`, `<Files>` und `<Location>`)

F   Gültig innerhalb von Konfigurationsdateien für bestimmte Ver-
    zeichnisse (standardmäßig *.htaccess* genannt)

*   Besagt, daß die Direktive in einem Kontext mehr als einmal an-
    gegeben werden darf

Es folgt eine Beschreibung der Direktive; die Beschreibung enthält
den Standardwert für die Direktive, wo angemessen.

`Perl*Handler`-Direktiven installieren Handler-Routinen, die für bestimmte Phasen der Request-Bearbeitung zuständig sind. Außer
den Handlern für die Initialisierung der Kindprozesse und denen
für die Beendigung der Request-Bearbeitung werden alle Handler-
Routinen mit einer Referenz auf das Request-Objekt als einzigem
Argument aufgerufen. Je nachdem, wie *mod_perl* kompiliert wurde, kann es sein, daß nicht alle Handler zur Verfügung stehen.

Ein Handler kann entweder als anonyme Subroutine, in Form eines Subroutinen-Namens, der mit einem Package-Namen qualifiziert wurde, oder nur als Package-Name angegeben werden. Im letzten Fall wird standardmäßig `handler` als Subroutinen-Name verwendet. Wurde der Handler als Package-Name angegeben, kann ihm ein Pluszeichen (+) vorangestellt werden. Dadurch wird *mod_perl* angewiesen, das Handler-Modul bereits beim Serverstart zu laden.

<Perl> GVSF*

```
<Perl>
 # Perl-Code
</Perl>
```

Container-Abschnitt, mit dem Perl-Code in die Konfigurationsdateien von Apache eingebettet werden kann. Es kann jeglicher Perl-Code verwendet werden, der im `Apache::ReadConfig`-Paket ausgewertet wird, während die Konfigurationsdateien bearbeitet werden. Nachdem der Code ausgewertet wurde, untersucht *mod_perl* die Symboltabelle des Packages auf Variablennamen, die sich mit den Namen von Apaches Direktiven decken, und übergibt die Namen und Werte an den normalen Konfigurationsmechanismus von Apache. Die zu verwendenden Variablentypen hängen dabei von der jeweiligen Direktive ab:

Direktiven ohne Argumente
    Weisen einer skalaren Variable einen leeren String zu

Direktiven mit einem Argument
    Weisen den Wert einer skalaren Variable zu

Direktiven mit mehreren Argumenten
    Weisen einer Arrayvariable die Werte als Liste zu

Container-Abschnitte werden als Perl-Hashs dargestellt, wobei das Argument als Schlüssel dient. Abschnitte, bei denen Direktiven mit dem gleichen Namen unterschiedliche Werte besitzen, werden als Array aus Referenzen auf die eigentlichen Hashs dargestellt. Verschachtelte Abschnitte werden als verschachtelte Hashs abgebildet. Zum Beispiel:

```
    <Perl>
        use Apache::Registry;
        $SSLEnable   = '';
        $DefaultType = 'text/plain';
        @AddType     = ( 'images/jpeg' => 'jpg', 'jpeg' );
```

```
      $Location{'/perl'} = {
          SetHandler  => 'perl-script',
          PerlHandler => 'Apache::Registry'
      };
  </Perl>
```

Die Variable `$PerlConfig` und das Array `@PerlConfig` können normale Apache-Konfigurationsanweisungen enthalten. Deren Inhalte werden direkt an den Konfigurationsparser von Apache weitergegeben.

Perl-Abschnitte stehen nur zur Verfügung, wenn *mod_perl* mit der gesetzten Konfigurationsvariable `PERL_SECTIONS` kompiliert wurde.

PerlAccessHandler   GVSF*

`PerlAccessHandler Handler ...`

Installiert einen oder mehrere Handler für die Phase der Zugriffskontrolle (steht nur zur Verfügung, wenn die Konfigurationsvariable `PERL_ACCESS` bei der Kompilierung von *mod_perl* gesetzt war).

PerlAddVar   GVSF*

`PerlAddVar Name Wert`

Setzt den Wert einer Perl-Konfigurationsvariable, auf die dann innerhalb der Handler mit der `dir_config()`-Methode zugegriffen werden kann. Existiert diese Variable bereits, wird ein weiterer Wert hinzugefügt.

PerlAuthenHandler   GVSF*

`PerlAuthenHandler Handler ...`

Installiert einen oder mehrere Handler für die Authentifizierungsphase, die die angegebenen Benutzerdaten überprüfen sollten (steht nur zur Verfügung, wenn die Konfigurationsvariable `PERL_AUTHEN` bei der Kompilierung von *mod_perl* gesetzt war).

PerlAuthzHandler   GVSF*

`PerlAuthzHandler Handler ...`

Installiert einen oder mehrere Handler für die Autorisierungsphase, die festlegen sollten, ob einem authentifizierten Benutzer der Zugriff auf eine Ressource gestattet werden soll (steht nur zur Verfügung, wenn die Variable `PERL_AUTHZ` bei der Kompilierung von *mod_perl* gesetzt war).

PerlChildInitHandler GV*

PerlChildInitHandler *Handler* ...

Installiert einen oder mehrere Handler, die direkt, nachdem ein Kindprozeß gestartet wurde, aufgerufen werden (steht nur zur Verfügung, wenn die Konfigurationsvariable PERL_CHILD_INIT bei der Kompilierung von *mod_perl* gesetzt war).

PerlChildExitHandler

PerlChildExitHandler *Handler* ...

Installiert einen oder mehrere Handler, die direkt vor dem Beenden eines Server-Kindprozesses aufgerufen werden (steht nur zur Verfügung, wenn die Konfigurationsvariable PERL_CHILD_EXIT bei der Kompilierung von *mod_perl* gesetzt war).

PerlCleanupHandler GVSF*

PerlCleanupHandler *Handler* ...

Installiert einen oder mehrere Handler für die Cleanup-Phase (steht nur zur Verfügung, wenn die Konfigurationsvariable PERL_CLEANUP bei der Kompilierung von *mod_perl* gesetzt war).

PerlDispatchHandler GVSF

PerlDispatchHandler *Subroutinen-Name*

Gibt eine Subroutine an, die anstelle des eigentlichen Mechanismus von *mod_perl* für das Laden und Aufrufen von Handlern zuständig sein soll (steht nur zur Verfügung, wenn die Konfigurationsvariable PERL_DISPATCH bei der Kompilierung von *mod_perl* gesetzt war). Der Routine werden ein Request-Objekt und der Name des Handlers (bzw. eine Codereferenz darauf) übergeben, die diese Phase normalerweise bearbeiten würden.

PerlFixupHandler GVSF*

PerlFixupHandler *Handler* ...

Installiert einen oder mehrere Handler für die Fixup-Phase (steht nur zur Verfügung, wenn die Konfigurationsvariable PERL_FIXUP bei der Kompilierung von *mod_perl* gesetzt war).

PerlFreshRestart   GV

```
PerlFreshRestart { ON|OFF }
```

Ist der Wert `ON`, werden beim Server-Restart sämtliche Perl-Module von *mod_perl* neu geladen. Der Standardwert ist `OFF`.

PerlHandler   GVSF*

```
PerlHandler Handler ...
```

Installiert einen oder mehrere Handler für die Phase der Inhaltsgenerierung. Zum Beispiel:

```
<Location /perl-bin>
    SetHandler  perl-script
    PerlHandler Apache::OutputChain  \
                Apache::GzipChain  \
                Apache::PassFile
</Location>
```

Im Gegensatz zu Handlern für andere Phasen müssen die Handler für die Phase der Inhaltsgenerierung mittels der `SetHandler`-Direktive explizit als `perl-script` angegeben werden.

PerlHeaderParserHandler   GVSF*

```
PerlHeaderParserHandler Handler ...
```

Installiert einen oder mehrere Handler, die vor der Phase der Inhaltsgenerierung aufgerufen werden (steht nur zur Verfügung, wenn die Konfigurationsvariable `PERL_HEADER_PARSER` bei der Kompilierung von *mod_perl* gesetzt war).

PerlInitHandler   GVSF*

```
PerlInitHandler Handler ...
```

Dies ist ein Alias für den ersten im jeweiligen Bereich ausgeführten Handler. `<Directory>`-, `<Location>`-und `<Files>`-Abschnitte finden erst Anwendung, nachdem der URI umgesetzt wurde, so daß die Direktive in diesen Abschnitten ein Alias für die `PerlHeaderParserHandler`-Direktive ist. Außerhalb dieser Abschnitte ist sie ein Alias für die `PerlPostReadRequestHandler`-Direktive. (Steht nur zur Verfügung, wenn die Konfigurationsvariable `PERL_INIT` bei der Kompilierung von *mod_perl* gesetzt war.)

PerlLogHandler GVSF*

`PerlLogHandler Handler ...`

Installiert einen Handler für die Logging-Phase (steht nur zur Verfügung, wenn *mod_perl* mit der gesetzten Konfigurationsvariable PERL_LOG kompiliert wurde).

PerlModule GVSF*

`PerlModule Modul ...`

Lädt das angegebene Modul beim Serverstart. Perl sucht im @INC-Pfad nach den entsprechenden *.pm*-Dateien.

PerlPassEnv GV*

`PerlPassEnv Name ...`

Übergibt zu Beginn der Request-Bearbeitung einen Wert aus der Umgebung an das entsprechende %ENV-Element.

PerlPostReadRequestHandler GV*

`PerlPostReadRequestHandler Handler ...`

Installiert einen Handler, der aufgerufen wird, nachdem ein Request angenommen und die Header-Felder geparst wurden, jedoch bevor der URI übersetzt wurde (steht nur zur Verfügung, wenn die Konfigurationsvariable PERL_POST_READ_REQUEST bei der Kompilierung von *mod_perl* gesetzt war).

PerlRequire GVSF*

`PerlRequire Skript-Pfad ...`

Lädt beim Serverstart die angegebenen Skripten.

PerlRestartHandler GV*

`PerlRestartHandler Handler ...`

Gibt eine Routine an, die im Haupt-Serverprozeß aufgerufen wird, wenn der Server neu gestartet wird (steht nur zur Verfügung, wenn die Konfigurationsvariable PERL_RESTART bei der Kompilierung von *mod_perl* gesetzt war).

PerlSendHeader   GVSF

`PerlSendHeader { ON|OFF }`

Ist der Wert ON, wird sämtlicher Text, der an den Client geschickt wird, bis zur folgenden Leerzeile an die Methode `send_cgi_header()` übergeben. Der Standardwert ist OFF.

PerlSetEnv   GVSF*

`PerlSetEnv Name  Wert`

Setzt die Umgebungsvariable beim Start der Request-Bearbeitung oder beim Serverstart, sofern die Direktive außerhalb eines `<Directory>`-, `<Location>`- oder `<Files>`-Abschnitts benutzt wird.

PerlSetupEnv   GVSF

`PerlSetupEnv { ON|OFF }`

Legt fest, ob *mod_perl* den %ENV-Hash anlegt. Standardmäßig wird der Wert ON benutzt. Dabei wird der Hash normalerweise direkt vor der Phase der Inhaltsgenerierung gefüllt. Umgebungsvariablen, die mit `PerlPassEnv` und `PerlSetEnv` festgelegt wurden, werden zu Beginn der Request-Bearbeitung gesetzt.

PerlSetVar   GVSF*

`PerlSetVar Name  Wert`

Setzt den Wert einer Perl-Konfigurationsvariable, auf die dann innerhalb von Handlern mit der `dir_config()`-Methode zugegriffen werden kann. Existiert die Variable bereits, wird der Wert ersetzt.

PerlTaintCheck   GV

`PerlTaintCheck { ON|OFF }`

Ist der Wert ON, wird das Taint-Checking von Perl eingeschaltet (entsprechend der -T-Option von Perl). Taint-Checking verhindert, daß im Perl-Code Daten verwendet werden, die von außerhalb des Programms stammen. Taint-Checking kann nicht für einzelne Skripten eingeschaltet werden, sondern nur für *mod_perl* als Ganzes. Per Voreinstellung wird kein Taint-Checking durchgeführt (d.h., der Wert ist OFF).

PerlTransHandler GV*

`PerlTransHandler` *Handler* ...

Installiert einen Handler für die Phase der URI-Übersetzung. Es sollte ein partieller URI übergeben werden, der übersetzt wird (steht nur zur Verfügung, wenn die Konfigurationsvariable `PERL_TRANS` bei der Kompilierung von *mod_perl* gesetzt war). Das Ergebnis kann entweder ein Dateiname, eine Änderung des Requests oder die Installation eines neuen, auf dem URI basierenden Handlers sein.

PerlTypeHandler GVSF*

`PerlTypeHandler` *Handler* ...

Installiert einen Handler für die MIME-Testphase (steht nur zur Verfügung, wenn die Konfigurationsvariable `PERL_TYPE` bei der Kompilierung von *mod_perl* gesetzt war).

PerlWarn GV

`PerlWarn ( ON|OFF )`

Ist der Wert `ON`, werden Perl-Warnungen für sämtlichen Perl-Code innerhalb des Servers eingeschaltet. Warnungen können für einzelne Skripten eingeschaltet werden, indem der `-w`-Switch in der `#!`-Zeile verwendet wird. Der Standardwert ist `OFF`.

Apache/Perl-Module

Es gibt mittlerweile eine große Anzahl von Apache/Perl-Modulen, die im CPAN, dem Comprehensive Perl Archive Network (*http://www.cpan.org*), zur Verfügung stehen. Das CPAN kann über die Website *http://search.cpan.org* und mit dem `CPAN`-Modul durchsucht werden.

Dieser Abschnitt enthält eine Aufstellung von speziell für *mod_perl* geschriebenen Modulen, geordnet nach Aufgabenbereichen. Da sich die Module ändern können und CPAN ständig wächst, ist es sinnvoll, sich vor dem Einsatz eines Moduls über den aktuellen Stand zu informieren.

Module, die Teil des *mod_perl*-Pakets sind (das selbst ebenfalls im CPAN zu finden ist), werden durch einen Stern gekennzeichnet:

Core-Module (Perl-Klassen, die im Apache-Modul *mod_perl* einge-
baut sind) mit einem schwarz gefüllten Stern (★), die anderen mit
einem nicht-gefüllten Stern (☆).

Template-Systeme und Framework-Module

Es gibt eine Reihe von Modulen, die Frameworks bereitstellen, die
das Einbetten von Perl-Code in Web-Dokumenten ermöglichen.
Die beliebtesten Module sind `Apache::ASP`, `Apache::Embperl` und
`Apache::Mason` — alle drei sowie einige weitere werden hier beschrieben.

`Apache::AO`
Eine Servlet-Engine mit den folgenden Funktionalitäten: Session-Verwaltung, Persistenz, Authentifizierung und Autorisierung, einfache Voreinstellungen und eine Reihe von Logging-
Optionen.

`Apache::ASP`
Eine Implementierung von Active Server Pages (ASP), die Perl
als Skriptsprache benutzt. Weitere Informationen finden sich
auf der Website *http://www.apache-asp.org*.

`Apache::CIPP`
Apache/Perl-Modul für den CGI Perl Preprocessor (CIPP).

`Apache::Dispatch`
Übersetzt URIs in Klassen- und Methodennamen und führt
diese als Perl-Handler aus.

`Apache::Embperl`
Embperl ermöglicht die direkte Einbettung von Perl-Code
in HTML-Dokumente sowie die Erstellung komplexer Websites aus kleinen, wiederverwendbaren Objekten. Weitere
Features sind u.a. dynamische Tabellen, Formularfeldverarbei-
tung, HTML/URL-Codierung, Session Handling, Modularisie-
rung und frei definierbare Syntax sowie ab Version 2.0 auch
Verarbeitung von XML-Dokumenten. Siehe *http://www.ecos.
de/embperl/* und *http://perl.apache.org/embperl/*.

`Apache::EmbperlChain`
Ruft `HTML::Embperl` auf, um Ausgaben von anderen Perl-Hand-
lern zu verarbeiten.

`Apache::EP`

Ein weiteres System, um Perl in HTML-Seiten einzubetten. Bietet Funktionalitäten zur Lokalisierung, zum Datenbankzugriff, zum Versenden von E-Mail usw.

`Apache::ePerl`

Eines der ersten HTML-Template-Systeme. Siehe die Website unter *http://www.engelschall.com/sw/eperl/*.

`Apache::HeavyCGI`

Schafft die Rahmenbedingungen, um komplexe CGI-Aufgaben auf einem Apache-Server laufen zu lassen.

`Apache::HTPL`

Hyper Text Programming Language: ein Perl-basiertes Scripting-Werkzeug zum Erzeugen von Web-Inhalten.

`Apache::Include` ☆

Ermöglicht es, `Apache::Registry`-Skripten über Server Side Includes aufzurufen.

`Apache::iNcom`

Eine E-Commerce-Umgebung. Bietet Session-Verwaltung, Verwaltung von Warenkörben, Überprüfung von Benutzereingaben, Bestellverwaltung, Benutzerverwaltung, einfache Datenbankzugriffe, Internationalisierung und Fehlerbehandlung.

`Apache::Mason`

Ein Perl-basiertes System zur Entwicklung und Bereitstellung von Websites mit Hilfe von Komponenten. Siehe *http://www.masonhq.com*.

`Apache::mod_pml`

Perl Markup Language (PML): ein Text-Präprozessor mit Unterstützung für Variablen, Flußkontrolle und Makros.

`Apache::OWA`

Führt Oracle PL/SQL Web Toolkit-Anwendungen aus.

`Apache::PageKit`

Eine Applikationsumgebung, die `HTML::Template` und XML benutzt, um das Webdesign vom Inhalt zu trennen. Beinhaltet Session-Verwaltung, Validierung von Formularen, Co-Branding und ein Content-Management-System. Siehe *http://pagekit.org*.

`Apache::SimpleReplace`

Einfaches Template-Framework. Ersetzt einen bestimmten Markierungs-String in einer Template-Datei durch den Inhalt einer HTML-Datei.

`Apache::SSI`

Implementierung von Server Side Includes in Perl.

`Apache::Taco`

Eine Applikationsumgebung, die mit Hilfe von Templates dynamische Inhalte realisiert.

`Apache::Template`

Apache-Schnittstelle zum Template-Toolkit: ein schnelles, erweiterbares Framework zum Bearbeiten von Templates.

`Apache::UploadSvr`

Ein kleines Web-Publishing-System mit Möglichkeiten zur Authentifizierung, mit einfachen Sicherheitsmechanismen, Dokumentenvorschau, Verzeichnisansicht und einer Schnittstelle zum Löschen von Dateien.

`AxKit`

Eine Sammlung von Werkzeugen für die Bereitstellung von XML-Dateien. Siehe *http://axkit.org*.

Inhaltsgenerierung

`Apache::Album`

Ein virtuelles Photoalbum. Thumbnail-Bilder werden dynamisch erzeugt; das Layout ist konfigurierbar.

`Apache::Archive`

Erzeugt Indizes von *.tar-* und *.tar.gz-*Archiven sowie von aus diesen Archiven extrahierten Einzeldateien.

`Apache::AutoIndex`

Ein Modul zum Indizieren von Verzeichnissen, von dem sich Unterklassen ableiten lassen.

`Apache::Compress`

Komprimiert die Ausgabe anderer Perl-Handler vor dem Senden an Browser, die mit der *gzip*-Codierung umgehen können.

`Apache::Filter`

Stellt ein Framework zum Filtern der Ausgabe von vorangehenden Handlern zur Verfügung.

`Apache::Gateway`
Ein Multiplexing-Gateway, das die Anfragen an die tatsächlichen und viel komplexeren Webserver weiterleitet.

`Apache::GD::Graph`
Erzeugt, basierend auf den im Query-String übergebenen Daten, Diagramme im PNG-Format und gibt diese zurück.

`Apache::GzipChain`
Komprimiert die Ausgabe anderer Perl-Handler vor dem Senden an Browser, die mit der *gzip*-Codierung umgehen können.

`Apache::Layer`
Schichtet mehrere Dokumentenhierarchien übereinander.

`Apache::Motd`
Zeigt die »Message of the day« (Nachricht des Tages) an.

`Apache::MP3`
Erzeugt Playlisten aus Verzeichnishierarchien, die MP3-Dateien enthalten.

`Apache::OutputChain`
Stellt einen Mechanismus zur Verfügung, mit dem sich Perl-Inhalts-Handler miteinander verketten lassen.

`Apache::PassFile`
Kopiert die aus der Übersetzung von URI nach Dateiname resultierende Datei nach `STDOUT`. Dieses Modul ist als Teil einer Ausgabekette nützlich.

`Apache::PerlRun` ☆
Ein CGI-Emulator, der Skripten einmalig ausführt.

`Apache::PrettyPerl`
Formatierte Ausgabe von Perl-Quellcode als HTML-Seiten.

`Apache::PrettyText`
Dynamische Formatierung von Nur-Text-Dateien.

`Apache::Registry` ☆
Ein CGI-Emulator.

`Apache::Sandwich`
Versieht HTML-Dokumente dynamisch mit Kopf- und Fußteil.

`Apache::SetWWWTheme`
Modul zur dynamischen Erzeugung von standardisierten Kopf- und Fußelementen sowie eines seitlichen Navigationsbalkens

für HTML-Seiten. Ermöglicht das Überschreiben von `<BODY>`-Tags, um ein konsistentes Seitenlayout für eine Website zu gewährleisten.

Apache::Stage

Verwaltet getrennte Verzeichnisse für Test- und Produktivsysteme.

Zugriffskontrolle

Zugriffskontrolle beinhaltet Authentifizierung (in der Regel die Überprüfung, ob Benutzername und Paßwort gültig sind) und Autorisierung (die Überprüfung, ob ein authentifizierter Benutzer auf die angeforderte Ressource zugreifen darf). Beachten Sie, daß die einfache HTTP-Authentifizierung ohne die Verwendung einer SSL-Verbindung nicht wirklich sicher ist. Es wird daher empfohlen, daß Paßwort-Dateien oder Datenbanken, die den Systemzugriff regeln, nicht für diese Art der Web-Authentifizierung verwendet werden. Authentifizierungsinformationen können auf viele verschiedene Arten gespeichert werden, eine dementsprechend große Anzahl an verschiedenen Modulen steht zur Verfügung, diese Informationen zu nutzen.

Apache::AuthCookie

Setzt beim ersten nicht-authentifizierten Zugriff auf ein Dokument an und speichert einen Session-Key in Form eines Cookies, der bei erneuten Requests ausgelesen wird. Requests, die einen gültigen Session-Key vorweisen können, werden daraufhin als authentifiziert angesehen. Apache::AuthCookie ist eine Basisklasse, die für sich genommen keinerlei eigene Authentifizierungsmechanismen implementiert.

Apache::AuthCookieDBI

Ein Authentifizierungs- und Autorisierungssystem auf der Basis von Cookies. Die relevanten Informationen werden in einer DBI-Datenbank gespeichert. (Dies ist eine Subklasse von Apache::AuthCookie, die die vergebenen Cookies in einer DBI-Datenbank abspeichert.)

Apache::AuthDBI

Übernimmt die Authentifizierung und Autorisierung mittels einer Datenbank, auf die über die DBI-Schnittstelle von Perl zugegriffen wird.

`Apache::AuthLDAP`
Authentifizierung über eine LDAP-Datenbank.

`Apache::AuthNetLDAP`
Authentifiziert Benutzer über LDAP unter Verwendung des `Net::LDAP`-Moduls.

`Apache::AuthPerLDAP`
Einfache Authentifizierung über einen LDAP-Server unter Verwendung von Netscapes LDAP-Toolkit.

`Apache::AuthTicket`
Ticket-basierte Zugriffskontrolle unter Verwendung von HTTP-Cookies. Die Cookie-Verwaltung wird mittels `Apache::AuthCookie` erledigt.

`Apache::AuthenCache`
Zwischenspeicherung von Authentifizierungs-Lookups pro Prozeß (um die Authentifizierungsphase anderer Module zu beschleunigen).

`Apache::AuthenIMAP`
Authentifizierung über einen IMAP-Server.

`Apache::AuthenNIS`
Authentifizierung über NIS.

`Apache::AuthenN2`
Authentifizierung über NT- und NIS+-Server.

`Apache::AuthenNISPlus`
Authentifizierung über einen NIS+-Server.

`Apache::AuthenPasswd`
Authentifizierung mittels einer System-Paßwort-Datei.

`Apache::AuthenPasswdSvr`
Übergibt die Authentifizierungsinformationen eines Benutzers zur Überprüfung an einen Paßwort-Server.

`Apache::AuthenRadius`
Authentifizierung über einen RADIUS-Server.

`Apache::AuthenSmb`
Authentifizierung über einen SMB-Server.

`Apache::AuthenURL`

Authentifizierung über einen Request auf einen entfernten HTTP-Server, der einfache Authentifizierung unterstützt. Die ursprünglichen Benutzereingaben werden dabei dem neuen Request zur Authentifizierung hinzugefügt.

`Apache::AuthzNetLDAP`

Übernimmt Autorisierungstest mittels eines LDAP-Servers.

`Apache::AuthzNIS`

Autorisierungstests mittels einer NIS-Datenbank.

`Apache::AuthzPasswd`

Autorisierungstests anhand einer *htgroup*-Datei.

`Apache::DBILogin`

Authentifiziert über eine relationale Datenbank. Dabei wird entgegen dem Versuch, die in der Datenbank gespeicherten Informationen zur Authentifizierung zu verwenden, geprüft, indem die Benutzerangaben verwendet werden, um eine Verbindung zur Datenbank aufzubauen.

`Apache::PHLogin`

Authentifizierung mittels einer PH-Datenbank.

`Apache::RefererBlock`

Der Zugriff auf vorkonfigurierte Ressourcen wird entweder umgeleitet oder verweigert – abhängig vom MIME-Typ der Ressource und dem Wert des `Referer`-Headers im HTTP-Request.

URI-Übersetzung

`Apache::Backhand`

Schafft eine Verbindung zwischen *mod_perl* und *mod_backhand*. *mod_backhand* ist ein Apache-Modul zur Lastverteilung zwischen mehreren Rechnern in einem Cluster aus Apache-Servern.

`Apache::Proxy`

Perl-Schnittstelle zum Apache-Modul *mod_proxy*.

`Apache::ProxyPass`

Implementiert die Funktionalität von *mod_proxy* in Perl (basierend auf `Apache::ProxyPassThru`).

Apache::ProxyPassThru

Einfaches Proxy-Modul, das auch mit Apache::DumpHeaders arbeitet, um Header der entfernten Site zu protokollieren.

Apache::ProxyStuff

Erzeugt Kopf- und Fußteil für HTML-Inhalte, die von anderen als Proxy verwendeten Webservern stammen.

Apache::RandomLocation

Erzeugt Umleitungen auf eine andere Adresse, die zufällig aus einer Liste ausgewählt wird.

Apache::RedirectDBI

Leitet Requests auf eine Adresse aus einer Liste von vorgegebenen Verzeichnissen um, sofern der authentifizierte Benutzername in einer entsprechenden Datenbanktabelle vorhanden ist.

Apache::ReverseProxy

Ein Reverse-Proxy-Modul, das Apache::ProxyPass ablösen soll.

Apache::RewritingProxy

Korrigiert die Links in HTML-Dokumenten, so daß sie auf den korrekten Server verweisen, nachdem sie via Proxy abgerufen wurden.

Apache::TimedRedirect

Erzeugt Weiterleitungen für Requests, die innerhalb eines bestimmten Zeitraums stattfinden.

Apache::TransLDAP

Übersetzt Requests für voreingestellte Benutzerverzeichnisse durch das Abbilden auf Einträge in LDAP-Datenbanken.

Logging

Apache::DBILogConfig

Protokolliert Request-Informationen im durch einen Format-String angegebenen Format. Die Daten werden mit Hilfe von Perl DBI in einer SQL-Datenbank gespeichert.

Apache::DBILogger

Protokolliert Request-Informationen in einer festgelegten Tabelle innerhalb einer SQL-Datenbank.

Apache::LogFile

Eine Schnittstelle zu den Logging-Routinen von Apache.

`Apache::Traffic`

> Ermittelt die Anzahl von Hits und übertragenen Bytes pro Tag und Benutzer. Die Information wird in einem »Shared Memory«-Segment vorgehalten und kann entweder mit dem beiliegenden oder einem speziell von Ihnen geschriebenen Skript ausgelesen werden.

`Apache::UserTrack`

> Implementiert die Funktionalität des Apache-Moduls *mod_usertrack* in Perl.

Low-Level-Schnittstellen

`Apache` ★

> Die Perl-Schnittstelle zur Apache-API.

`Apache::Connection` ★

> Hält Details über die Netzwerkverbindung zum Client vor.

`Apache::Constants` ★

> Die in Apache-Header-Dateien definierten Konstanten.

`Apache::Cookie`

> Ein Modul zur Cookie-Behandlung, basierend auf Lincoln Steins `CGI::Cookie`-Modul. Dieses Modul ist Teil des *libapreq*-Pakets.

`Apache::File` ★

> Schnelle objektorientierte Funktionen zum Bearbeiten von Dateien auf dem Server.

`Apache::Icon`

> Schnittstelle zur Icon-Verwaltung von Apache.

`Apache::Log` ★

> Schnittstelle zu den Logging-Methoden von Apache.

`Apache::Module`

> Schnittstelle zu einer Liste der Apache-Module, die für den Server konfiguriert wurden, sowie deren Modul-, Kommando- und Handler-Datenstrukturen.

`Apache::ModuleConfig` ★

> Schnittstelle zu Apaches Mechanismus zur Modulkonfiguration.

`Apache::Options` ☆

> Exportiert `OPT_*`-Konstanten.

Apache::PerlSections ☆

Stellt die beiden Funktionen dump() und store() bereit, mit denen der Inhalt von <Perl>-Konfigurationsanweisungen ausgegeben bzw. gespeichert werden kann.

Apache::ReadConfig ★

Von <Perl>-Konfigurationsabschnitten verwendeter Namensraum zum Speichern globaler Variablen.

Apache::Request

Eine Unterklasse von Apache, die Methoden zum Parsen von GET- und POST-Requests bereitstellt. Dieses Modul ist Teil des *libapreq*-Pakets.

Apache::Scoreboard

Perl-Schnittstelle zum Scoreboard von Apache.

Apache::ScoreboardGraph

Erzeugt eine graphische Darstellung des Scoreboard von Apache.

Apache::Server ★

Ermöglicht den Zugriff auf Informationen über die Serverkonfiguration.

Apache::SubProcess

Perl-Schnittstelle zur Subprozeß-API von Apache.

Apache::SubRequest ★

Die Methoden lookup_uri() und lookup_file() geben ein Objekt dieser Klasse zurück. Apache::SubRequest ergänzt Apache als Unterklasse um eine einzelne Methode, mit der die Inhaltsgenerierungsphase für den Subrequest durchgeführt werden kann.

Apache::Symbol ☆

Ermöglicht den Wert undef an einigen Stellen, um Warnungen beim Neustart des Webservers zu vermeiden.

Apache::Table ★

Schnittstelle zu den Tabellen-Datenstrukturen von Apache.

Apache::URI ★

Methoden zum Parsen und Wiederzusammensetzen von URI-Komponenten.

Apache::Util ★

Perl-Schnittstelle für verschiedene C-Hilfsfunktionen von Apache.

`mod_perl` ★

Stellt Methoden zum Ermitteln der Versionsnummer von *mod_ perl* und der unterstützten Features bereit.

Entwicklung, Debugging und Überwachung

`Apache::DB`

Ermöglicht die Benutzung von Perls interaktivem Debugger in einem Apache/*mod_perl*-Serverprozeß.

`Apache::Debug` ☆

Hilfsfunktionen zum Debuggen von eingebettetem Perl-Code.

`Apache::DebugInfo`

Ermöglicht das Protokollieren von Informationen für einzelne Requests, basierend auf der IP-Adresse oder dem Dateiformat.

`Apache::DProf`

Führt innerhalb jedes Kindprozesses einen `Devel::DProf`-Profiler aus.

`Apache::DumpHeaders`

Gibt die HTTP-Header von Requests aus. Kann so konfiguriert werden, daß nur Header von Requests von bestimmten IP-Adressen ausgegeben werden. Kann von einem anderen Modul ausgelöst werden.

`Apache::ExtUtils` ☆

Hilfsfunktionen zum Erzeugen von XSUB-Code für Perl-Module, die ihre eigenen Apache-Konfigurationsdirektiven definieren. Diese werden durch statische C-Strukturen definiert, die nicht während der Laufzeit dynamisch aufgebaut werden können.

`Apache::FakeRequest` ☆

Implementiert ein Pseudo-Request-Objekt, das zum Debugging von *mod_perl*-Skripten verwendet werden kann.

`Apache::httpd_conf` ☆

Erzeugt *httpd.conf*-Dateien zur Konfiguration von Apache zum Testen von *mod_perl*-Modulen und -Skripten.

`Apache::GTopLimit`

Beendet Apache-Server-Kindprozesse, wenn diese zuviel Arbeitsspeicher verbrauchen oder die Menge des Shared Memory unter einen bestimmten Grenzwert sinkt.

`Apache::Leak` ☆

Ein Werkzeug zum Aufspüren von Speicherlecks in *mod_perl*-Code.

`Apache::Peek`

Ein Werkzeug zum Untersuchen von internen Perl-Datenstrukturen.

`Apache::PerlVINC`

Ermöglicht die Verwendung von verschiedenen Versionen von Perl-Modulen mit unterschiedlichen virtuellen Hosts.

`Apache::RegistryLexInfo`

Erzeugt vor und nach dem Ausführen eines `Apache::Registry`-Skripts einen Snapshot von Perls internen Datenstrukturen, die zum Speichern von lexikalischen Variablen benutzt werden, und gibt die Unterschiede aus. Die Ausgabe ist nicht für Personen mit Herzschwäche geeignet.

`Apache::Reload`

Lädt Module, die sich geändert haben, neu. Kann so konfiguriert werden, daß nur bestimmte Module überprüft und neu geladen werden. Dies gilt auch für per `use` von anderen Modulen eingebundene Module.

`Apache::ShowRequest`

Führt einen Request aus, genau wie Apache es tun würde, wobei die zusätzlichen Pfadinformationen als URI benutzt werden. Gibt Informationen über die aufgerufenen Phasen aus.

`Apache::SizeLimit` ☆

Beendet Apache-Server-Kindprozesse, wenn diese zu groß werden.

`Apache::SmallProf`

Bindet `Devel::SmallProf`, einen zeilenweise arbeitenden Code-Profiler, in *mod_perl* ein.

`Apache::src` ☆

Stellt Methoden zum Aufspüren und Parsen von Teilen des Apache-Quellcodes zur Verfügung.

`Apache::StatINC` ☆

Durchsucht für bestimmte Requests den Suchpfad von Perl (`@INC`) nach Modulen, die sich geändert haben, und lädt diese neu.

`Apache::Status` ☆

Erzeugt dynamische Zustands- und Debugging-Informationen über den *mod_perl*-Interpreter.

`Apache::Symdump` ☆

Benutzt `Devel::Symdump`, um einen Snapshot der Symboltabelle des eingebetteten Perl-Interpreters zu erstellen.

`Apache::test` ☆

Stellt Hilfsfunktionen zur Verwendung in Testskripten für Module bereit.

`Apache::VMonitor`

Ein visuelles System zur Serverüberwachung, das Informationen über Prozesse, gemountete Dateisysteme, Festplattenbenutzung und den Status der Netzwerkschnittstelle darstellen kann.

`Apache::Watchdog::RunAway`

Ein »Watchdog«-System zur Überwachung von »hängenden« Kindprozessen des Apache-Servers.

Verschiedenes

`Apache::DBI`

Prozeßbasiertes Offenhalten von DBI-Datenbankverbindungen.

`Apache::Keywords`

Unterhält eine Liste von Schlüsselwörtern als persönliches Profil in einem Cookie. Die bereitgestellte Handler-Methode zählt das Vorkommen von Schlüsselwörtern in `<META>`-Elementen in statischen HTML-Dokumenten und ist zur Verwendung als Fixup-Handler vorgesehen.

`Apache::Htgroup`

Verwaltet Apache-*htgroup*-Dateien.

`Apache::Htpasswd`

Verwaltet Apache-*htaccess*-Paßwort-Dateien.

`Apache::Language`

Implementiert die Unterstützung für Nachrichten-Strings in verschiedenen Sprachen.

`Apache::MimeXML`

Stellt die Codierung von XML-Dateien fest.

Apache::Mmap

Bildet mittels des Systemaufrufs mmap() Dateien auf den Adreßraum des Servers ab.

Apache::Mysql

Ein veraltetes Modul für persistente Datenbankverbindungen zur Verwendung mit MySQL. Dieses Modul wird durch Apache::DBI ersetzt, das statt dessen benutzt werden sollte.

Apache::RegistryLoader ☆

Vorkompilieren von Apache::Registry-Skripten beim Serverstart.

Apache::RequestNotes

Einfache Schnittstelle, die allen Phasen der Request-Bearbeitung auf eine konsistente Art Zugriff auf Parameter aus Cookies und Formulareingaben gestattet.

Apache::Resource ☆

Setzt die Ressourcen-Limits für Apache-Server-Kindprozesse.

Apache::Roaming

Implementiert einen Netscape Roaming Access Server, der Netscape-Clients das zentrale Speichern ihrer Profile ermöglicht.

Apache::Session

System zum Speichern von persistenten Session-Informationen.

Apache::SIG ☆

Ermöglicht das Überschreiben von Apache-Signal-Handlern mit denen von Perl.

Apache::Sybase::CTlib

Stellt eine Schnittstelle zu Sybase-Datenbankservern zur Verfügung und unterhält persistente Verbindungen.

Apache::TempFile

Erzeugt Namen für temporäre Dateien, die automatisch entfernt werden, wenn der gegenwärtige Request abgeschlossen ist.

Apache::Throttle

Bestimmt den Inhalt (MIME-Typ) basierend auf der Verbindungsgeschwindigkeit. Enthält ein Skript zur Erzeugung von Graphiken verschiedener Größe.

CGI-Umgebungsvariablen

Wird Apache mit *mod_perl* ausgeführt, werden die folgenden CGI-Umgebungsvariablen für die Inhaltsgenerierung gesetzt (es sei denn, die Direktive `PerlSetupEnv` hat den Wert `OFF`). Variablen, die nicht in der CGI-Spezifikation definiert werden, sind mit einer Raute (♦) markiert. Beachten Sie, daß HTTP-Request-Header-Felder der Umgebung hinzugefügt werden, indem ihnen das Präfix `HTTP_` vorangestellt wird, wobei jegliche Bindestriche in Unterstriche umgewandelt werden.

`AUTH_TYPE`
> Verwendete Authentifizierungsmethode (sofern Authentifizierung verwendet wird).

`CONTENT_LENGTH`
> Länge des Request-Body (z.B. für `POST`-Requests).

`CONTENT_TYPE`
> MIME-Typ des Request-Body (z.B. für `POST`-Requests).

`DOCUMENT_ROOT` ♦
> Wert der `DocumentRoot`-Direktive.

`GATEWAY_INTERFACE`
> CGI-Version. In einer normalen CGI-Umgebung ist dies der Wert `CGI/1.1`, unter *mod_perl* steht hier jedoch `CGI-Perl/1.1`.

`PATH_INFO`
> Zusätzliche Pfadinformationen des URI für das CGI-Skript.

`PATH_TRANSLATED`
> `PATH_INFO` für das Dateisystem übersetzt.

`QUERY_STRING`
> Query-String des URI (sofern vorhanden).

`REMOTE_ADDR`
> IP-Adresse des Client.

`REMOTE_HOST`
> DNS-Name des Client (falls dieser aufgelöst werden konnte).

`REMOTE_IDENT`
> Benutzer-ID des entfernten Benutzers (unzuverlässig, selbst wenn verfügbar).

REMOTE_USER
> Name des authentifizierten Benutzers (sofern für den Request eine Authentifizierung durchgeführt wurde).

REQUEST_METHOD
> HTTP-Request-Methode.

SCRIPT_NAME
> Virtueller Pfad des Skripts.

SERVER_ADMIN ♦
> Wert der ServerAdmin-Direktive.

SERVER_ADDR
> IP-Adresse des Servers.

SERVER_NAME
> Rechnername des Servers.

SERVER_PORT
> Portnummer des Servers.

SERVER_PROTOCOL
> Name und Version des verwendeten Protokolls.

SERVER_SOFTWARE
> Name und Version der verwendeten Serversoftware.

UNIQUE_ID ♦
> Ein Token, das über alle Requests einmalig ist (nur verfügbar, wenn *mod_unique_id* aktiv ist).

HTTP-Statuscodes

Die folgende Tabelle listet die HTTP-Statuscodes sowie deren im Apache-Quellcode und in *mod_perl* verwendete symbolische Namen auf. Die Klasse Apache::Constants exportiert eine Untermenge dieser Symbole mit dem :http-Export-Tag; weitere Symbole können explizit importiert werden.

Die numerischen Statuscodes werden in RFC 2616 definiert. Eine detaillierte Zusammenfassung der Statuscodes finden Sie in *HTTP – kurz & gut*.

Code	Name
100	HTTP_CONTINUE
101	HTTP_SWITCHING_PROTOCOLS
200	HTTP_OK
201	HTTP_CREATED
202	HTTP_ACCEPTED
203	HTTP_NON_AUTHORITATIVE
204	HTTP_NO_CONTENT
205	HTTP_RESET_CONTENT
206	HTTP_PARTIAL_CONTENT
300	HTTP_MULTIPLE_CHOICES
301	HTTP_MOVED_PERMANENTLY
302	HTTP_MOVED_TEMPORARILY
303	HTTP_SEE_OTHER
304	HTTP_NOT_MODIFIED
305	HTTP_USE_PROXY
400	HTTP_BAD_REQUEST
401	HTTP_UNAUTHORIZED
402	HTTP_PAYMENT_REQUIRED
403	HTTP_FORBIDDEN
404	HTTP_NOT_FOUND
405	HTTP_METHOD_NOT_ALLOWED
406	HTTP_NOT_ACCEPTABLE
407	HTTP_PROXY_AUTHENTICATION_REQUIRED
408	HTTP_REQUEST_TIMEOUT
409	HTTP_CONFLICT
410	HTTP_GONE
411	HTTP_LENGTH_REQUIRED

Code	Name
412	HTTP_PRECONDITION_FAILED
413	HTTP_REQUEST_ENTITY_TOO_LARGE
414	HTTP_REQUEST_URI_TOO_LARGE
415	HTTP_UNSUPPORTED_MEDIA_TYPE
500	HTTP_INTERNAL_SERVER_ERROR
501	HTTP_NOT_IMPLEMENTED
502	HTTP_BAD_GATEWAY
503	HTTP_SERVICE_UNAVAILABLE
504	HTTP_GATEWAY_TIME_OUT
505	HTTP_VERSION_NOT_SUPPORTED
506	HTTP_VARIANT_ALSO_VARIES

HTTP-Header-Felder

HTTP-Header-Felder werden in RFC 2616 definiert. Sie werden folgendermaßen kategorisiert:

Request-Header-Felder
Enthalten zusätzliche Informationen über den Request.

Response-Header-Felder
Enthalten zusätzliche Informationen über die Serverantwort.

Allgemeine Header-Felder
Auf Request- und Response-Nachrichten anwendbar.

Inhaltsabhängige (Entity-)Header-Felder
Enthalten Informationen über den Request-Body oder die durch den Request angegebene Ressource.

Die folgende Tabelle faßt die HTTP-Header-Felder zusammen. Weitere Details finden Sie in *HTTP – kurz & gut*.

Syntax	Kategorie
Accept: *Medientypen*[;q= *qvalue*][, ...]	Request
Accept-Charset: *Zeichensatz*[;q=*qvalue*][, ...]	Request
Accept-Encoding: *Codierung*[;q=*qvalue*][, ...]	Request
Accept-Language: *Sprache*[;q=*qvalue*][, ...]	Request
Accept-Ranges: {Bytes|none}	Response
Age: *Sekunden*	Response
Allow: *Methode*[, ...]	Entity
Authorization: *Schema Benutzerangaben*	Request
Cache-Control: *Direktive*	Allgemein
Connection: close	Allgemein
Content-Base: *URI*	Entity
Content-Encoding: *Codierung*	Entity
Content-Language: *Sprache*	Entity
Content-Length: *Länge*	Entity
Content-MD5: *Prüfsumme*	Entity
Content-Range: Bytes *Bereich/Länge*	Entity
Content-Type: *Medientyp*	Entity
Cookie: *Name=Wert*[; ...]	Request
Date: *Datum*	Allgemein
ETag: *Entity-Tag*	Response
Expect: *erwarteter_Wert*	Request
Expires: *Datum*	Entity
From: *E-Mail-Adresse*	Request
Host: *Rechnername*[:*Portnummer*]	Request
If-Match: *Entity-Tag*	Request
If-Modified-Since: *Datum*	Request
If-None-Match: *Entity-Tag*	Request

Syntax	Kategorie
If-Range: {*Entity-Tag*|*Datum*}	Request
If-Unmodified-Since: *Datum*	Request
Last-Modified: *Datum*	Entity
Location: *URI*	Response
Max-Forwards: *Anzahl*	Request
MIME-Version: *Version*	Allgemein
Pragma: {no-cache|*Erweiterungspragma*}	Allgemein
Proxy-Authenticate: *Challenge*	Response
Proxy-Authorization: *Angaben*	Request
Public: *Methode*...	Response
Range: bytes=*n*[-*m*][, ...]	Request
Referer: *URL*	Request
Retry-After: {*Datum*|*Sekunden*}	Response
Server: *String*	Response
Set-Cookie: *Name*=*Wert*[; *Optionen*]	Response
TE: *Codierung*	Request
Trailer: *Header*	Allgemein
Transfer-Encoding: *Codierung*	Allgemein
Upgrade: *Protokoll*[, ...]	Allgemein
User-Agent: *String*	Request
Vary: *Header*[, ...]	Response
Via: [*Protokoll*/]*Version* [(*Kommentar*)] [, ...]	Allgemein
Warning: *Code Agent* "*Text*" [*Datum*]	Allgemein
WWW-Authenticate: *Schema Bereich*	Response

Index der Module

Apache 29, 29–74
Apache::Album 68
Apache::AO 66
Apache::Archive 68
Apache::ASP 66
Apache::AuthCookie 70
Apache::AuthCookieDBI 70
Apache::AuthDBI 70
Apache::AuthenCache 71
Apache::AuthenIMAP 71
Apache::AuthenN2 71
Apache::AuthenNIS 71
Apache::AuthenNISPlus 71
Apache::AuthenPasswd 71
Apache::AuthenPasswdSvr 71
Apache::AuthenRadius 71
Apache::AuthenSmb 71
Apache::AuthenURL 72
Apache::AuthLDAP 71
Apache::AuthNetLDAP 71
Apache::AuthPerLDAP 71
Apache::AuthTicket 71
Apache::AuthzNetLDAP 72
Apache::AuthzNIS 72
Apache::AuthzPasswd 72
Apache::AutoIndex 68
Apache::Backhand 72
Apache::CIPP 66
Apache::Compress 68
Apache::Connection 31, 38, 74
Apache::Constants 31, 33, 35, 40-41,
    56, 74, 81
Apache::Cookie 74
Apache::DB 27, 76
Apache::DBI 28, 78
Apache::DBILogConfig 73
Apache::DBILogger 73

Apache::DBILogin 72
Apache::Debug 76
Apache::DebugInfo 76
Apache::Dispatch 66
Apache::DProf 76
Apache::DumpHeaders 76
Apache::Embperl 66
Apache::EmbperlChain 66
Apache::EP 67
Apache::ePerl 67
Apache::ExtUtils 76
Apache::FakeRequest 27, 76
Apache::File 74
Apache::Filter 68
Apache::Gateway 69
Apache::GD::Graph 69
Apache::GTopLimit 76
Apache::GzipChain 69
Apache::HeavyCGI 67
Apache::Htgroup 78
Apache::Htpasswd 78
Apache::HTPL 67
Apache::httpd_conf 76
Apache::Icon 74
Apache::Include 67
Apache::iNcom 67
Apache::Keywords 78
Apache::Language 78
Apache::Layer 69
Apache::Leak 77
Apache::Log 45, 74
Apache::LogFile 73
Apache::Mason 67
Apache::MimeXML 78
Apache::Mmap 79
Apache::Module 74
Apache::ModuleConfig 74

Apache::mod_pml 67
Apache::Motd 69
Apache::MP3 69
Apache::Mysql 79
Apache::Options 74
Apache::OutputChain 69
Apache::OWA 67
Apache::PageKit 67
Apache::PassFile 69
Apache::Peek 77
Apache::PerlRun 17, 53, 69
Apache::PerlSections 75
Apache::PerlVINC 77
Apache::PHLogin 72
Apache::PrettyPerl 69
Apache::PrettyText 69
Apache::Proxy 72
Apache::ProxyPass 72
Apache::ProxyPassThru 73
Apache::ProxyStuff 73
Apache::RandomLocation 73
Apache::ReadConfig 55, 59, 75
Apache::RedirectDBI 73
Apache::RefererBlock 72
Apache::Registry 53, 59, 69
Apache::RegistryLexInfo 77
Apache::RegistryLoader 79
Apache::Reload 54, 77
Apache::Request 75
Apache::RequestNotes 79
Apache::Resource 79
Apache::ReverseProxy 73
Apache::RewritingProxy 73
Apache::Roaming 79
Apache::Sandwich 69
Apache::Scoreboard 75
Apache::ScoreboardGraph 75

Apache::Server 33, 55, 75
Apache::Session 79
Apache::SetWWWTheme 69
Apache::ShowRequest 77
Apache::SIG 79
Apache::SimpleReplace 68
Apache::SizeLimit 77
Apache::SmallProf 77
Apache::src 77
Apache::SSI 68
Apache::Stage 70
Apache::StatINC 54, 77
Apache::Status 78
Apache::SubProcess 75
Apache::SubRequest 30, 75
Apache::Sybase 79
Apache::Symbol 75
Apache::Symdump 78
Apache::Table 32, 34-35, 38-39, 75
Apache::Taco 68
Apache::TempFile 79
Apache::Template 68
Apache::test 78
Apache::Throttle 79
Apache::TimedRedirect 73
Apache::Traffic 74
Apache::TransLDAP 73
Apache::UploadSvr 68
Apache::URI 33, 75
Apache::UserTrack 74
Apache::Util 75
Apache::VMonitor 78
Apache::Watchdog::RunAway 78
AxKit 68

mod_perl 76

Index der Methoden

A

aborted (Apache::Connection) 46
add (Apache::Table) 47
alert (Apache::Log) 42
allow_options (Apache) 40
Apache::Connection 46
Apache::File 52
Apache::Log 41
Apache::Registry 14
Apache::Server 44
Apache::SSI 19
Apache::Table 47
Apache::URI 48
Apache::Util 49
args (Apache) 31
as_string (Apache) 41
auth_name (Apache) 40
auth_type (Apache) 40
auth_type (Apache::Connection) 46

B

bytes_sent (Apache) 34

C

cgi_header_out (Apache) 34, 36
chdir_file (Apache) 37
child_terminate (Apache) 37
clear (Apache::Table) 47
close (Apache::File) 52
connection (Apache) 31, 46
content (Apache) 31
content_encoding (Apache) 34
content_languages (Apache) 34
content_type (Apache) 24, 34
crit (Apache::Log) 42
current_callback (Apache) 43
custom_response (Apache) 34

D

debug (Apache::Log) 43
define (Apache) 39
dir_config (Apache) 27, 39, 60
discard_request_body (Apache) 52
do (Apache::Table) 47
document_root (Apache) 39

E

emerg (Apache::Log) 42
error (Apache::Log) 42
err_headers_out (Apache) 34
err_header_out (Apache) 35
escape_html (Apache::Util) 49
escape_uri (Apache::Util) 49
exit (Apache) 43

F

filename (Apache) 31, 37
fileno (Apache::Connection) 46
finfo (Apache) 31
fragment (Apache::URI) 48

G

gensym (Apache) 43
get (Apache::Table) 47
get_basic_auth_pw (Apache) 40
get_handlers (Apache) 43
get_remote_host (Apache) 31
get_remote_logname (Apache) 32
get_server_name (Apache) 39
get_server_port (Apache) 39
gid (Apache::Server) 45

H

handler (Apache) 35
hard_timeout (Apache) 37

headers_in (Apache) 32
headers_out (Apache) 35
header_in (Apache) 32
header_only (Apache) 32
header_out (Apache) 33, 35
hook (mod_perl) 29, 44
hostinfo (Apache::URI) 48
hostname (Apache::URI) 48
httpd_conf (Apache) 43
ht_time (Apache::Util) 49

I
info (Apache::Log) 43
internal_redirect (Apache) 37
internal_redirect_handler (Apache)
    37
is_initial_req (Apache) 30
is_main (Apache) 30
is_virtual (Apache::Server) 45

K
kill_timeout (Apache) 37

L
last (Apache) 30
local_addr (Apache::Connection) 46
location (Apache) 37
log (Apache) 42
log (Apache::Server) 42, 45
loglevel (Apache::Server) 45
log_error (Apache) 41
log_error (Apache::Server) 45
log_reason (Apache) 41
lookup_file (Apache::SubRequest)
    30, 75
lookup_uri (Apache::SubRequest) 30,
    75

M
main (Apache) 30
meets_condition (Apache) 24
meets_conditions (Apache) 52
merge (Apache::Table) 48
method (Apache) 32
method_number (Apache) 33
module (Apache) 44
mtime (Apache) 53

N
names (Apache::Server) 45
new (Apache::File) 52
new (Apache::Table) 47
next (Apache) 30
next (Apache::Server) 45
notes (Apache) 37
note_basic_auth_failure (Apache) 40
notice (Apache::Log) 43
no_cache (Apache) 35

O
open (Apache::File) 52

P
parse (Apache::URI) 48
parsedate (Apache::Util) 51
parsed_uri (Apache) 33
password (Apache::URI) 48
path (Apache::URI) 48
path_info (Apache) 33
path_info (Apache::URI) 48
perl_hook (Apache) 29, 44
pnotes (Apache) 38
port (Apache::Server) 45
port (Apache::URI) 48
post_connection (Apache) 44
prev (Apache) 30
print (Apache) 24, 36
printf (Apache) 36
protocol (Apache) 33
proxyreq (Apache) 33
push_handlers (Apache) 26, 44

Q
query (Apache::URI) 48

R
read (Apache) 33
register_cleanup (Apache) 38
remote_addr (Apache::Connection)
    46
remote_host (Apache::Connection)
    46
remote_ip (Apache::Connection) 25,
    47
remote_logname
    (Apache::Connection) 47

request (Apache) 16, 29, 44
request_time (Apache) 35
requires (Apache) 40
reset_timeout (Apache) 38
rflush (Apache) 36
rpath (Apache::URI) 49

S
satisfies (Apache) 41
scheme (Apache::URI) 49
send_cgi_header (Apache) 36, 64
send_fd (Apache) 36
send_http_header (Apache) 24, 36
server (Apache) 33, 44
server_admin (Apache::Server) 45
server_hostname (Apache::Server) 45
server_root_relative (Apache) 39
set (Apache::Table) 48
set_content_length (Apache) 53
set_etag (Apache) 53
set_handlers (Apache) 44
set_last_modified (Apache) 53
size_string (Apache::Util) 51
soft_timeout (Apache) 38
some_auth_required (Apache) 41
status (Apache) 35
status (Apache::SubRequest) 30

status_line (Apache) 36
subprocess_env (Apache) 27, 38, 54

T
the_request (Apache) 33
timeout (Apache::Server) 45
tmpfile (Apache::File) 52

U
uid (Apache::Server) 46
unescape_uri (Apache::Util) 51
unescape_uri_info (Apache::Util) 51
unparse (Apache::URI) 49
unset (Apache::Table) 48
update_mtime (Apache) 53
uri (Apache) 33
user (Apache) 47
user (Apache::Connection) 47
user (Apache::URI) 49

V
validate_password (Apache::Util) 51

W
warn (Apache) 41, 46
warn (Apache::Log) 43
warn (Apache::Server) 46

O'Reillys Taschenbibliothek
kurz & gut

Apache
Andrew Ford, 120 Seiten, 2001, 14,80 DM
ISBN 3-89721-224-2
Behandelt werden Kommandozeilen-Optionen, Module, Hilfsprogramme, Betrieb und Konfiguration, Performance Tuning, Request-Verarbeitung, Zeitformate, CGI-Umgebungsvariablen und Sicherheitsfragen für Apache 1.3.12.

mod_perl
Andrew Ford, 92 Seiten, 2001, 14,80 DM
ISBN 3-89721-231-5
Übersicht über die wichtigsten Features des Apache-Moduls mod_perl. Behandelt werden sowohl Funktionen als auch Konfigurationsanweisungen.

CGI
Linda Mui, 108 Seiten, 1999, 14,80 DM
ISBN 3-89721-218-8
Eine Referenz der CGI-Technologie sowie der bei der CGI-Programmierung verbreitetsten Verfahren und Tools wie CGI.pm, mod_perl, SSI und Embperl.

HTTP
Clinton Wong, 86 Seiten, 2000, 14,80 DM
ISBN 3-89721-230-7
Nach einem konzeptionellen Überblick über HTTP ausführliche Referenz zu HTTP-Transaktionen, Client-Methoden, Statuscodes, Header, URL-Codierung, Medientypen, Cookies, Authentifizierung, Persistenz und Caching.

sendmail
Bryan Costales & Eric Allman, 80 Seiten, 1997, 14,80 DM
ISBN 3-89721-202-1
Komprimiertes Nachschlagewerk, das alle Befehle, Optionen, Makro-Definitionen und vieles mehr zu sendmail (V8.8) auflistet und knapp erklärt.

O'Reillys Taschenbibliothek
kurz & gut

JavaScript
David Flanagan, 98 Seiten, 1998, 14,80 DM
ISBN 3-89721-208-0

Eine kompakte Referenz aller Funktionen, Objekte, Methoden, Eigenschaften und Event-Handler von JavaScript in der Version 1.2. Der Referenz ist eine Beschreibung des client-seitigen Einsatzes der beliebten Skriptsprache u.a. mit Blick auf die Gestaltung von Fenstern, Frames, Formularen und Events vorangestellt.

HTML
Jennifer Niederst, 96 Seiten, 2000, 14,80 DM
ISBN 3-89721-214-5

Diese Referenz bietet einen schnell zugänglichen Überblick über alle HTML-Tags und deren wichtigste Attribute. Berücksichtigt sind HTML 4.0 sowie die Erweiterungen von Netscape und Internet Explorer.

XML
Robert Eckstein, 112 Seiten, 2000, 14,80 DM
ISBN 3-89721-219-6

Eine kurze Einführung in Terminologie und Syntax von XML, ein Überblick über seine Elemente und Attribute sowie eine kompakte Vorstellung der DTD, der XSL, XPointer und XPath.

Gimp, 2. Auflage
Sven Neumann, 106 Seiten, 2000, 14,80 DM
ISBN 3-89721-223-4

Umfassende Referenz zu den komplexen Menüs von Gimp 1.2, mit vielen Tips für die praktische Anwendung.

PHP
Rasmus Lerdorf, 111 Seiten, 2000, 14,80 DM
ISBN 3-89721-225-0

Eine ideale Kurzeinführung in Syntax und Struktur der Skriptsprache sowie eine Schnellreferenz für die Vielzahl der Funktionen.

O'Reillys Taschenbibliothek
kurz & gut

Perl 5, 3. Auflage
Johan Vromans, 110 Seiten, 2000, 14,80 DM
ISBN 3-89721-227-7
Überblick über Perl 5.6, u.a. über Syntaxregeln, Quotierung, Variablen, Operatoren, Funktionen, I/O, Debugging, Formate, Standardmodule und reguläre Ausdrücke.

Perl/Tk
Stephen O. Lidie, 120 Seiten, 1998, 14,80 DM
ISBN 3-89721-200-5
Referenz zu Perl/Tk, die sämtliche Widgets von Perl/Tk einschließlich deren Methoden und Variablen u.v.a.m. beschreibt.

Tcl/Tk
Paul Raines, 96 Seiten, 1998, 14,80 DM
ISBN 3-89721-210-2
Kompaktes Nachschlagewerk aller wichtigen Tcl-Sprachelemente, Tcl- und Tk-Befehle sowie der Tk-Widgets.

Python
Mark Lutz, 82 Seiten, 1999, 14,80 DM
ISBN 3-89721-216-1
Diese Sprachreferenz gibt einen Überblick über Python-Statements, Datentypen, eingebaute Funktionen, häufig verwendete Module und andere wichtige Sprachmerkmale.

PHP
Rasmus Lerdorf, 111 Seiten, 2000, 14,80 DM
ISBN 3-89721-225-0
Eine ideale Kurzeinführung in Syntax und Struktur der Skriptsprache sowie eine Schnellreferenz für die Vielzahl der Funktionen.

O'Reillys Taschenbibliothek
kurz & gut

Oracle PL/SQL
Steven Feuerstein, Chip Dawes & Bill Pribyl
104 Seiten, 1999, 14,80 DM
ISBN 3-89721-217-X

Referenz zu Oracles prozeduraler Programmiersprache PL/SQL, einschließlich der neuesten Oracle8i-Erweiterungen sowie hilfreicher Informationen zu fundamentalen Sprachelementen, Datensätzen, Prozeduren, Funktionen, Triggern und Packages.

Oracle PL/SQL Built-ins
Steven Feuerstein, John Beresniewicz & Chip Dawes
68 Seiten, 1999, 14,80 DM
ISBN 3-89721-212-9

PL/SQL Built-in-Funktionen und Built-in-Packages im Überblick – eine handliche Referenz für Oracle-Datenbankprogrammierer und -administratoren.

Oracle SQL*Plus
Jonathan Gennick, 95 Seiten, 2000, 14,80 DM
ISBN 3-89721-228-5

Faßt die gesamte SQL*Plus-Syntax zusammen und enthält u.a. eine Referenz für die SQL*Plus-Befehle und Formatelemente.

Windows NT
Æleen Frisch, 70 Seiten, 1998, 14,80 DM
ISBN 3-89721-206-4

Alphabetisch geordnete Zusammenfassung aller Befehle von Windows NT 4.0 und des Resource Kits sowie der Windows NT-Skriptsprache.